妈妈的软实力
孩子的硬功夫

这10类妈妈，教出的孩子必成大器

陈靖昕 ◎ 著

台海出版社

图书在版编目(CIP)数据

妈妈的软实力,孩子的硬功夫:这10类妈妈,教出的孩子必成大器 / 陈靖昕著. —北京:台海出版社,2016.8

ISBN 978-7-5168-1126-9

Ⅰ.①妈… Ⅱ.①陈… Ⅲ.①家庭教育 Ⅳ.①G78

中国版本图书馆 CIP 数据核字(2016)第 199836 号

妈妈的软实力,孩子的硬功夫:这 10 类妈妈,教出的孩子必成大器

著　　者:陈靖昕

责任编辑:王　萍

装帧设计:天下书装　　　　　版式设计:通联图文

责任校对:唐思磊　　　　　　责任印制:蔡　旭

出版发行:台海出版社

地　址:北京市朝阳区劲松南路 1 号　　邮政编码:100021

电　话:010-64041652(发行,邮购)

传　真:010-84045799(总编室)

网　址:www.taimeng.org.cn/thcbs/default.htm

E-mail:thcbs@126.com

经　销:全国各地新华书店

印　刷:北京高岭印刷有限公司

本书如有破损、缺页、装订错误,请与本社联系调换

开　本:710mm×1000 mm　　　　1/16

字　数:170 千字　　　　　　印　张:15

版　次:2016 年 9 月第 1 版　　印　次:2016 年 9 月第 1 次印刷

书　号:ISBN 978-7-5168-1126-9

定　价:36.00 元

前 言
—— Preface ——

1

当宝宝犯错时，你是马上发脾气的妈妈，还是冷静分析事件的妈妈？

当宝宝长成大孩子后，你还是他一直喜欢的妈妈吗？

当孩子对你突然冷漠了，你会先从自身分析原因吗？

当孩子对你突然依赖了，你能看到自己发生了哪些变化吗？

……

专家研究表明，孩子有70%的性格像母亲，母亲是怎样的人，孩子就是怎样的人。

所以，妈妈的重要职责之一就是管理好自己。只要你管好自己，做好榜样，孩子自然就会跟着你走。

2

妈妈的一切，包括妈妈的形象、做人原则和行为、品德等，都会在不知不觉中影响孩子。

妈妈尊老爱幼，孩子自然会上行下效；妈妈勤俭节约，孩子自然也会拒绝奢华；妈妈彬彬有礼，孩子就会谦逊待人；妈妈坚强独立，孩子在苦难面前就不会怯懦；妈妈善良，孩子也能拥有一颗悲天悯人的心；妈妈修养有度、品行高洁，孩子自然也能成为人中龙凤……

妈妈平时与孩子在一起的时间较多，孩子跟妈妈的关系也最亲，因此，妈妈的情绪好坏直接影响孩子的成长，并决定孩子的个性发展。如果妈妈经常保持开心、乐观、积极、坚强的良好情绪，那么孩子在妈妈的积极影响下，也会成长为乐观、坚强、自信的孩子；相反，如果烦躁、紧张、焦虑等负面情绪长期伴随着妈妈，孩子也会受到妈妈坏情绪的影响，并可能因此而形成不良的个性。

3

孩子就是妈妈的一面镜子，有什么样的母亲就会养成什么样的孩子。当上帝决定你成为一个女人的时候，也授予了你创造人、养育人的职责，只有身心健康、精神面貌良好的女性，才能圆满完成生育并养育孩子的工作。

本书给出了许多简单而又实用的操作办法，把理论和实践完美结合在一起，十章内容相互呼应又各自独立。从了解孩子的性格到掌握和孩子沟通的技巧，从挖掘孩子的潜能到培养孩子的优良品质，让众多望子成龙、望女成凤的妈妈不用再为怎样教育孩子而犯难。

目 录

—— Contents ——

你不会"自说自话"地对孩子喋喋不休，也不会用不正确的方式方法教育、引导孩子，你尊重孩子，用平等的对话造就他独立的人格。

你是说话算话的妈妈，当你答应陪伴孩子时，一定会提早安排好其他的事项。你不会随意答应孩子任何事，实现不了时也不会以各式理由推托，你知道表率很重要，你知道有教养的孩子才能成大器。

你心地善良，对他人关心与爱护，善恶分明，不恶语中伤他人，懂得妥协与退让。对孩子晓之以理，动之以情，在小事上也不失时机地培养和保护孩子善良的心。

第一章

不攀比的妈妈——让孩子成为最好的自己

你不喜欢把自己的孩子与别人家的孩子进行比较。你清楚地知道，不能按一个标准来要求孩子，你总是告诉孩子，成为自己才是最重要的。你乐于帮助他一起开发潜能，并给予他关怀，与他共同成长。

1.过分炫耀孩子是种"毒"

尽管心理教育专家指出，过分炫耀孩子聪明是对孩子的一种践踏。然而，在如今这爱"秀"的时代，想让妈妈们做到不炫耀孩子实在不易。

炫耀的内容在孩子一出生就开始了，很多妈妈将自己刚出生的孩子的照片放到朋友圈，炫耀自己的孩子多么乖巧、多么可爱、多么聪明、多么漂亮……在亲友相聚的时候，让孩子当众背诵唐诗、唱儿歌、秀英语、说成语……既能得到众亲友的一番夸赞，也大大满足了自己的虚荣心。亲友们的赞扬无非是："这孩子真聪明，将来一定会有出息!"听到这些话，妈妈心里也不由得美滋滋的。

孩子慢慢长大，炫耀的内容逐渐升级到孩子的学习成绩，例如在班级的名次、各次测验的成绩等，还有夸耀孩子在各项特长中取得的奖励，像英语考了几级，舞蹈比赛又获了奖……

那些喜欢炫耀孩子的家长应该明白：孩子需要的是疼爱、关怀和鼓励，一味地炫耀孩子很可能会带来惨痛的教训。

吴婷家的女儿会背唐诗了，而且能背诵十几首。当家里有客人时，吴婷就会要求女儿背诗。女儿张口就来"白日依山尽，黄河入海流"，然后又是"离离原上草，一岁一枯荣"，接着又是"锄禾日当午，汗滴禾下土"。

客人听了，总是夸奖孩子："这孩子真聪明，记忆力怎么这么好啊!""这孩子不简单啊!"听着别人赞美的话，吴婷的虚荣心得到了满足。

后来，每当家里来客人，或者领孩子去参加一些活动，吴婷总会让女儿当众表演。尽管有时候孩子不怎么乐意，但吴婷总是有办法让女儿乖乖就范。直到有一次，女儿终于爆发了。

那一次，吴婷的大学同学来家里做客，吴婷又让女儿当众表演。"宝贝，告诉妈妈，五加三等于几啊？"当着同学的面，吴婷满怀期待地问。女儿却怎么也不想说，自顾自地玩着手里的玩具。

"宝贝乖，快说啊。"吴婷继续耐心地启发着，但女儿始终不开口。问得急了，女儿说："我在玩玩具呢。"妈妈生气了："昨天妈妈不是刚教过你吗？你不是说都学会了吗？"

"我今天不想说！"女儿辩解着说。

"怎么这么没有礼貌啊？妈妈平时怎么教你的？"吴婷提高了声调说道。

女儿沉默了一下，终于大声地喊道："妈妈，我不是你的玩具娃娃。"

吴婷震惊了，一时不知该说什么。

孩子也是有思想的，他们虽然小，可也需要尊重、理解、关心、鼓励和爱，他们不想成为别人的玩具。

有的妈妈说：我们这样也是爱孩子啊！让孩子当众表演可以锻炼孩子的胆量啊！

的确，让孩子当众表演的过程也是孩子与他人互动交流的过程，对孩子的身心成长是有益的，可以让他练习不怯生，增加自信心。但是，要求孩子当众表演要"以孩子为本"，在妈妈嚷嚷着要求孩子当众表演之前，最好先征求一下孩子的意见。如果孩子不想表演，妈妈就不能为了炫耀孩子的聪明或者自己教子有方，而强迫孩子做他不想做的事情。而且，一次、两次的新鲜刺激对孩子是一种锻炼，别人的夸奖对孩子也是一种鼓励，但次数多了就没有意义了，特别是在孩子不想被炫耀的情况下。

宋朝王安石作品《临川先生文集》里有一个"伤仲永"的故事。主人公是一个叫方仲永的神童，天生才华出众，5岁便可指物作诗，可他没有坚持学习，而且被父亲当作赚钱工具，到处炫耀，最终沦为一个普通人。

王安石总结：仲永的通晓、领悟能力是天赋，他的天资比一般有才能的人高得多。他最终成为一个平凡的人，是因为他没有受到后天良好的教育。可见人的知识、才能绝不可单纯依靠天资，必须注重后天的教育和学习。而愚昧无知、贪图蝇头小利的方父，只知道领着儿子到处炫耀，而不加强孩子的后天教育，才使得天资卓越的方仲永成了一个悲剧。

孩子是一个独立的个体，他们有自己的思想和意志。妈妈应当尊重他们，而不是强迫他们做自己不想做的事，或像对待自己的皮包一样随时随地拿来炫耀。

而且，孩子的模仿能力很强，作为孩子的第一任老师，妈妈喜欢炫耀，孩子也就学会了炫耀，不但炫耀自己，也炫耀妈妈给自己买了什么新玩具、过年给了多少压岁钱、家里有什么车、住多大的房子等。凡此种种，都不利于孩子的成长。

一个经常被家长炫耀"聪明、智商高"的孩子，在一次考试中取得了不错的成绩。发试卷时，老师特地表扬了他，夸他是个勤奋的孩子。正当老师对他大加赞赏并希望别的同学向他学习时，他却得意地对周围的同学说："嗨！这是智商问题！因为我聪明、智商高，不用学习也能得高分……"教室里顿时一阵哗然。

把孩子当作炫耀品，虽然满足了妈妈的虚荣心，但埋下的隐患却不少。如果孩子反感这么做，难免从心底厌烦妈妈，恐怕以后妈妈的话都很难再言听计从；如果孩子喜欢这样做，那些面子上的赞美则很容易助长孩子的优越感和攀比心理，使孩子养成孤芳自赏的习惯，好胜心切，自私自利，难以经受困难和挫折的考验。

每个孩子都是优秀的，关键在于妈妈如何去引导和教育。对于孩子的优点、长处、成绩等，妈妈要肯定，但不能奉承；要表扬，但不能炫耀。

2.给差评，又如何？

孩子从出生开始就会生活在他人的评价中。评价分好评和差评，有的妈妈一听到好评就眉开眼笑，甘之如饴；可一听到差评就心里难受，接着对自己的孩子横挑鼻子竖挑眼。太在意别人对孩子的差评，并气恼孩子没为自己争光，这对孩子心灵上的伤害比皮肉之苦更严重。

小娜因为小时候打错针，落得个轻度听力障碍。她妈妈有个同事，住在小娜就读的小学附近。上小学时，小娜常被妈妈的这位同事投诉："小娜真没礼貌，好几次她上学时我看见她，大老远地跟她打招呼，她都不理我。"小娜妈妈赶紧解释："我女儿听力不太好，她应该是没听到，不是故意不理你。"小娜妈妈的同事便说："真可怜，像你女儿这种听力不好的人，将来在社会上很难混得开。"

小娜妈妈听了同事对自己女儿的评价，心里很郁闷。小娜因为听力不好,来自各方的差评自然少不了。因此,小娜妈妈经常在女儿面前埋怨:"我怎么这么倒霉,摊上你这么个有听力障碍的孩子。"

别人对小娜的差评,小娜也许不在意,可看到那些差评令妈妈那么介意和痛苦,小娜也开始在意起自己的缺陷,自卑情绪在她心里疯长。一直到长大成人,小娜仍是个自卑的人。她原本可以有更好的前程,可自卑抑制了她的潜能,成了她这辈子最大的枷锁。

大卫小时候顽劣捣蛋,老师给了他差评:"不遵守纪律,带头起哄,目无师长。"同学的家长常说:"小地痞一个,带坏我家好孩子。"邻居也总是唠叨:"这孩子可真烦。"

大卫妈妈面对所有对儿子的差评,一点儿也不介意,因为她觉得孩子调皮捣蛋是天性,根本与"又差又坏"扯不上边。

当年那个收到一堆差评的大卫,如今爱情事业双丰收。大卫常常对别人说:"我有一个好母亲,当所有人都认为我不好时,她从来不介意,更不曾放弃过我。"

有一位五年级男生说:"我妈妈常常说:'别人说你是什么,你不一定就是什么。'"这是一个母亲给孩子上的"自我肯定"的第一课。

露露是高一新生,最近她备受挫折。先是入学考试没有取得理想的成绩,之后又因为一些小事遭到了老师的批评,这让自尊心很强的她有些忍受不住,就收拾书包回家,说什么也不肯再回学校上课,这让露露的家长万分惊诧,他们不明白为什么从小懂事的露露无法适应新环境新生活。

实际上,露露之所以这样,与她长期以来优越的生活是大有关系的。

从小到大,露露的学习成绩都名列年级前茅,加上露露的爸爸是重点小学的校长，所以，从幼儿园开始，露露在学校里就很受宠爱，老师们表扬她，同学们喜欢她、羡慕她，爸爸妈妈以她为荣，这让露露的自我感觉非常良好。即便上了初中，露露的待遇也从来没有改变过。

可是，刚刚进入高中，她就遭遇了人生的第一个"滑铁卢"，且又被老师当众批评，这让她觉得颜面全无。她坚决地对家长说：要么转学，要么休学，她不想回那所学校让同学、老师笑话。露露的爸爸很无奈，只好同意让她转学。可他很担心，在新的学校里，露露如果再受到批评会怎么样呢？以后走上工作岗位、走上社会又会怎样呢？

当麦兜的妈妈说出那句"全世界的人不爱你，我都只爱你；全世界的人不信你，我都只信你。我爱你，爱到心肝里；我信你，信到脚趾头里"时，不知有多少妈妈恍然大悟、泪流满面。

没错，哪怕麦兜就是这样不聪明、不帅气、不够好运，又能怎么样？麦太爱他，愿意无条件地输掉自己的一切，去成全麦兜一生的快乐生活。

没有人能保证自己或孩子的生活中不遇到挫折、失望，不被人误解或批评，唯有培养出坚强的意志，才是积极之道。妈妈要把内心的平稳与坚定传给子女，让他们慢慢建立起内在的肯定和挫折容受力。

3.滥用"别人家的孩子"，往往适得其反

"茫茫宇宙中，有一种神奇的生物。这种生物不玩游戏，不聊QQ，天天就知道学习，回回年级第一；这种生物可以九门功课同步学，妈妈

再也不用担心他的学习了;这种生物考清华,望北大,能考硕士、博士、圣斗士,还能升级黄金、白金和水晶级;这种生物不看星座,不看漫画,看到电脑就想骂娘;这种生物琴棋书画样样精通,甚至会刀枪剑戟斧钺钩叉,而我们只会吃喝拉撒;这种生物长得好看,写字好看,成绩单也好看,就连他的手指甲都是双眼皮的;这种生物每天花10块钱都觉得奢侈浪费和犯罪。这就是感动中国十大人物之一——'别人家的孩子'!"

这条叫作《有一种奇特的生物,叫"别人家的孩子"》的帖子曾经在网上很热,帖中所述内容引发了众多网友的共鸣。有网友称之为"别人体",甚至有网友为此专门开通了"别人家的孩子"的微博。

六成学生表示,父母经常会提起别人家的孩子多么优秀或者拿别人家的孩子刺激他;三成学生表示,父母偶尔会提起;只有一成的学生回复,父母非常少提起别人家的孩子。

当父母提起"别人家的孩子"时,孩子感受如何?在调查中,九成学生表示"反感","很不爽,觉得根本毫无意义","可恶","一笑而过,就当没听到"……不过,采访中也有学生表示,"如果父母说的那个孩子真有本事,说的是真人真事,还是会认真对待一下,怎么说都是因为家长对我的期望值比较高。"

在孩子们眼中,"别人家的孩子"的激励方式奏效吗?是让孩子更加奋发还是适得其反呢?

从调查结果来看,大多数学生表示"没有效果"。高二学生小林说:"没有影响,对于我而言,我会选择无视。如果父母天天提、反复提,只能是适得其反。"

高三女生小玲表示:"当然得不到效果。他们一直用这招,而我当没听到。"不过,也有学生认为父母口中"别人家的孩子"会让自己更加奋发。

对孩子而言，他们的成长过程具有秩序性，凡事各有所序，有时候大人的要求不是他们做不到，而是他的能力还没有到这个阶段，只有到了下一个阶段才会有长足的发展。

对孩子而言，他们长于感受和感悟，短于理性分析。有时候，幼稚与错误也是成长的一部分，这是孩子自然的成长状态。

一次问卷调查中有这样一道题："孩子犯错误时，您对孩子说的第一句话是什么？"接受问卷调查的53%的家长回答是"你看某某多好，你有他一半，我就知足了"。

从中我们可以看出，有些父母不能正确评价孩子，关键是评价标准有问题。他们常常把标准定得很高，而且这个高标准会随着孩子的高水平的发挥而不断增高。他们常常觉得别人的孩子是天才，自己的孩子是蠢材；别人的孩子是金子，自己的孩子是沙子。

一个孩子刚当上中队长，心里特别高兴，回家忍不住跟妈妈"炫耀"。谁知妈妈却问："大队长的候选人有你吗？"很多妈妈都是这样，总是很"贪婪"，她们的标杆永远超越孩子的水平，这样的妈妈，教育出来的孩子永远不会有成就感。

世界上没有两片完全相同的树叶，也同样没有相同的人，每个人都有他独特的天赋、性格和能力，因此，每一个孩子都是一笔宝藏。

一位母亲有两个儿子，一位当上了国王，另一位是地道的农民。当国王的儿子很有才能，把国家治理得很好；做农民的儿子是耕种能手，年年粮食满仓。

有人问母亲："你肯定为你那当国王的儿子感到自豪吧？"她说："不错，我为我做国王的儿子感到自豪，他学会了为国为民；同时，我也为我的另外一个儿子感到自豪，他现在正在地里挖土豆。"

不管孩子是万人之上的国王，还是在田地里挖土豆的农夫，只要各得其所，努力进取，父母都应该为孩子感到自豪。卡耐基说过："对孩子们来说，父母的注意和欣赏是最令他们高兴的。"因此，无论孩子取得了什么样的成绩，无论孩子处于什么阶段，父母都应该为孩子感到自豪，依照孩子的天性和兴趣选择适合孩子的教育方式，为他制订合理的目标，积极寻找孩子的优点。

任何比较都是有害的。每一个孩子都有自己的个性，每一个孩子都应该在他实际的基础上发展，而不是做别的孩子的复制品。正确的方法应该是永远不和别人家的孩子比，只要你的孩子今天比昨天有进步，你就应该祝贺他、肯定他、鼓励他。这样，他不仅能发挥出自己的水平，还有可能超常发挥。

心理教育专家认为：父母要注意，用来刺激孩子的东西要是事实而不是虚构的，且要适可而止，不要天天都用。使用"别人家的孩子"要因材施教，对于那些有上进心、学习自觉的学生来说，"别人家的孩子"相当于给他设定一个目标或者参照物；而对于那些调皮捣蛋、比较逆反的孩子来说，滥用"别人家的孩子"只能适得其反。

"别人家的孩子"话题的本质，其实是家长的儿童观问题，说白一点就是家长如何看待孩子的成长差异性。每个孩子都是一颗饱含生命力的种子，妈妈要做的是激活这些种子，给予种子合适的土壤、阳光及养分，让他们自由地成长。

4.人无完人，孩子也要给"面子"

为了得到孩子的合作，家长们使用了各种各样的办法，比如哄骗、规劝、诱导、命令、威胁、惩罚等，可以说是办法尽施。可是，有多少孩子因为这些手段的运用，而积极地与父母合作了呢?

自从上了小学之后，儿子就特别不听话。江雪每次和他商量事情，他永远都用"不"来回答，而且总会摆出一副不合作的架势。江雪让他收拾下桌子，他不是说要去做作业，就是说自己正忙；如果让他帮忙拿个东西，他也会找个理由推脱掉……

有一次，江雪和丈夫带着儿子跟旅游团外出旅游，在旅游大巴上，江雪和丈夫坐在一起，儿子和一位阿姨坐在前面的座位上。

汽车走了一半，阿姨晕车，导游小姐想让儿子和这位阿姨换换位置："小朋友，阿姨晕车了，你可以换到里面去吗?"

儿子看都没看："为什么让我换? 车上这么多人!"

江雪看到儿子的表现，有点生气了，说："阿姨晕车了，坐在外边，会方便一些……"

"那跟我有什么关系?"江雪还没有说完，儿子便蹦出了这样一句话。

"儿子，你再这样，以后就不带你出来玩了!"爸爸看到儿子太不像话，下了最后的通牒。可是，儿子还是一动不动。

……

随着年龄的增长，孩子们了解的事情越来越多，动手能力也越来越强，这会让他们感觉到自己是一个完全独立的人，觉得自己很有能力，已经能够脱离父母和他人的管束了。所以, 当父母或者他人要求孩子合作时, 他们总会尝试着举起自己手上的表决牌, 试探下自己的权利。

在和孩子沟通的时候, 如果父母态度专横, 经常采用命令的语气, 孩子会觉得很没有面子, 就会采取一些对抗的做法。

孩子对他人的感受一般关注得比较少, 他们眼中往往只有自己而没有别人, 完全没有与人合作的意识。其实, 如果父母的期望和孩子的需求能够达成一致, 彼此之间的合作也是很容易实现的。

通常来说, 孩子也是十分要"面子"的, 他不希望自己在外人面前是一个没有主见的人。所以, 如果父母能够对孩子多一些理解, 满足孩子的这种心理需求, 就能赢得孩子的好感, 孩子也会变得更愿意合作。

爸爸给5岁的乐乐买了一种新型汽车玩具。

一次, 乐乐正在玩, 舅舅家的哥哥来了。哥哥想和他一起玩, 但乐乐始终抱着玩具车不肯撒手。没办法, 哥哥只好说: "那我不跟你玩儿了。"转身便要回家。

爸爸看到了, 说: "将玩具拿给哥哥! 快点!"乐乐看到爸爸生气了, 很不服气, 便将自己的所有玩具都搬进了书房。

爸爸见他这样, 气不打一处来: "你这样, 看看以后谁还会和你交朋友!"

乐乐认识到如果不和小哥哥分享玩具, 就会失去一个小伙伴, 于是转而用恳求的口吻说: "我给你还不行吗!"说完, 乐乐立即将汽车给了小哥哥, 两个人一起玩起了合作游戏。

这一幕恰巧被乐乐的妈妈看到了, 妈妈对爸爸说: "你怎么能这样对儿子说话呢? 当第三者在场的时候, 要尽量杜绝用命令的语气跟他说话! 否则会让孩子很没面子!"

作为父母，要多为孩子创造与伙伴交往的机会，在实践活动中引导孩子学会合作，不要当着其他孩子的面批评自己的孩子。孩子是在与小伙伴的交往中逐渐学会合作的，所以，当有"第三者"在场时，要尽量避免以命令的口气要求孩子按照自己的方式行事。

为了孩子的发展，许多家长都用近似于"完人"的眼光来要求自己的孩子，这样做，表面上看起来似乎是为了孩子好，实际上往往会让孩子失去幸福感。

为了让孩子无所不知，赵女士给孩子买了很多图书。好在孩子没有让她失望，每一本妈妈买的书，他都要看一遍。赵女士知道伴读的好处，因此，有时候会让儿子的好朋友一起来家里看书。

一次，儿子邀请他的同学来家里看书。赵女士在给他们端水果的时候，发现有一个孩子一直都在书架边走来走去。她走过去才了解到，原来这个孩子想看《一千零一夜》，一直都找不到。

赵女士看了看手中端着书的孩子们，发现这本书正好在儿子的手中："儿子，这本书先让朋友看吧！"

"为什么？我先拿到的！"儿子正看得津津有味，当然不乐意让给朋友。

"妈妈不是一直都教育你要谦虚、合作、分享吗？"说着，便将儿子手中的书一把夺了过来。

"妈妈……"儿子委屈得要哭了。

晚上，赵女士和丈夫说起了这件事情，丈夫听了说："孩子还小，你不能拿'完人'的标准来要求他……"

根据孩子的年龄特征采取应对的方法只是一种策略，要从根本上解决问题，父母就要积极改变不科学的教育方式，不要试图让孩子做一个

"完人"。

要让孩子经历各种磨炼，适应不同的环境，以消除孩子以自我为中心的意识，学习了解他人的感受和需要，与他人合作。你可以事先提醒孩子：你希望他在某个场合能有什么样的表现，什么样的表现是你所欣赏的，什么样的表现是会让你感到难堪的。只要父母与孩子之间不存在很大的"冲突"，孩子大都会愿意照办。

5.现在的成绩，并不决定孩子的未来

考完了，放假了，孩子会带回一张成绩单。看过孩子的成绩单，有的妈妈喜笑颜开，孩子的门门功课都优秀；有的妈妈怒上心头，"怎么又考了个不及格?"这样的妈妈是用分数来评判自己孩子的学习。

有的妈妈不但看成绩，还要看名次。孩子名列前十名，心中自是美不胜收；孩子在班内后十名，妈妈心中十分忧。这样的妈妈是用名次来评判孩子的学习。

其实，不论是看分数还是看名次，都不能正确地对孩子的学习进行客观评价。

就算孩子的功课门门都是优，成绩也未必好，因为可能试题难度小，所有的同学都可能是优，而且别人还可能更优；多门功课不及格，也不一定意味着孩子的学习差，因为可能试题难度高，所有的同学成绩都差，你的孩子虽然考了52，但可能却是全班最高成绩。

所以，妈妈们不要拿孩子的成绩单瞎分析，让好孩子受批评，让不努力的孩子更不努力。

低分高能的事例相当多，他们可能就在我们生活周围，也许就是你的孩子。

大名鼎鼎的美国大发明家托马斯·阿尔瓦·爱迪生举世闻名。他在一生中，与其助手一共发明和改进了1300多种东西，为世界文明的发展作出了巨大贡献，甚至改变了人们的生活方式。电灯的发明使全世界人每天的平均睡眠时间减少了2~3小时。而这样赫赫有名的大发明家，7岁开始上学，在校不到3个月便因"太笨"被迫退学，老师说："托马斯这孩子一点都不用功，还老是提一些十分可笑的问题。他居然问我二加二为什么等于四，这太不像话了。我看这孩子太笨，留在学校里只会妨碍别的学生，还是别上学了吧。"

幸好爱迪生的母亲教子有方，对小爱迪生进行不断的鼓励和教育，不厌其烦地解答孩子提出的各式各样的问题，并为孩子提供如《自然读本》等方面的书籍和实验器材，培养他的实验能力。

爱迪生去世后，人们在悼词中给予了他极高的评价："他未曾统率千军万马亲临战场，他未曾战败敌国、俘获贼首，但他所创造的伟大力量，绝非战士所能梦想到的。""设想一个没有电灯、没有电力、没有电话、没有电影、没有留声机的世界情形，亦可以使我们稍微认清他造福于人类的伟大性。"

成绩单上的成绩并不重要。

一代大师郭沫若的四川乐山故居中，至今还留存着两张郭沫若中学时代的成绩单。

一张成绩单是嘉定府官立中学堂于宣统元年五月二十八日所发。成绩列表如下：修身35；算术100；经学96；几何85；国文55；植物78；

英语98;生理98;历史87;图画35;地理92;体操85。当时的郭沫若16岁,读完了中学二年级的课程。

另一张成绩单是四川官立高等中学堂所发。成绩列表如下:试验80;品行73;作文90;习字69;国文88;英语98;地理75;代数92;几何97;植物80;图画67;体操60。时年郭沫若18岁,读完了该校三年级第一学期的课程。

将郭沫若这两张成绩单拿到现在进行分析,郭沫若绝对不是一个学习尖子,专长也不在文学上,倒是数学和生物方面有特长。不过郭沫若没有成为数学家或医学权威,却成为一代伟大的诗人、书法家、艺术家。

在淡化分数问题后,素质教育要求培养全面发展的人才。在幼儿园、小学、初中、高中各个不同阶段,不同的孩子在不同时期、不同方面会表现出不同的学习潜能。学校所开设的各种课程是将来必备的基本知识和技能,因此,为了让孩子全面而协调地发展,妈妈应该采用各种有效方法使孩子深刻理解、灵活应用这些基本知识和技能。而对于孩子所具有的特殊才能,妈妈要去挖掘,使其收获更大。在社会上,三百六十行,行行出状元,妈妈要根据孩子的才能和兴趣对其进行合理的培养。若把孩子比作一块土地,那么,如何使其肥沃是普通教育的事;而探寻哪个地方可能蕴藏着金矿、煤炭,则是特长训练应注重的事。

所以,作为妈妈,最重要的不是分析孩子的成绩,而是要注意观察你的孩子到底具有什么样的潜力。假如孩子爱好游泳,那你就把他当作菲尔普斯;假如孩子喜欢画画,那你就把他当作达·芬奇;假若孩子爱好魔术,那刘谦就是最好的老师;假若孩子喜欢拆拆卸卸,摆弄瓶瓶罐罐,那爱迪生那样的发明家将从你的庭院升空而起……

不要让现在的成绩成为孩子成长道路上的阻碍,现在的成绩并不决定孩子的未来,妈妈们要摸准自己孩子潜质的脉搏,顺应孩子的天性发展。

6.注意：物质奖励是把双刃剑

你对孩子进行过物质奖励吗？

此刻的你是否正在为此头疼——不知从什么时候起，孩子做某件事情是为了奖励，不奖励就没有了动力。

什么时候我们该用奖励？

6岁的形形在绘画方面很有天赋，经常一个人趴在桌上画。妈妈为了提高她的积极性，每次画完一幅画就会用买零食、延长看电视时间等方式奖励她。最初一段时间的确有效，形形绘画的积极性提高了很多。可慢慢地，妈妈发现形形有时画的画不再像最初那么鲜活、富有想象力了，而且形形对奖励的要求也越来越高，一盒薯片已经不够，看电视的时间也越来越长，不让看电视就不画画。

是什么改变了孩子？

心理学研究表明：人的行为动机可分为内部动机和外部动机。当我们是因活动本身的兴趣、完成活动后的乐趣或活动对人的挑战力而自发地从事某种活动时，我们的动机源于内部；而为了某种外在结果而从事某种活动则是外部动机。

当我们用外部奖励的方式去鼓励孩子时，相当于是引导孩子把他们的行为与奖励联系起来而不是自身的愿望。接着，他们的自觉度就会下降并渐渐对活动失去兴趣。一旦外部奖励无法满足他们，他们将停止此项活动。

一项针对700多名儿童的新研究发现，在成功完成某些事情后，用礼物奖励孩子或者将送礼物作为表达爱意的一种方式会导致儿童更加功利。

很多妈妈都把物质奖励作为督促孩子学习、让他们乖乖听话的手段，而且，这种手段在初期有立竿见影的效果。但时间一长，一般的物质刺激已很难满足孩子的"胃口"，很容易失去激励的作用。同时，不断升级的物质需求还可能让孩子为得到礼物而选择不正确的途径。

因此，妈妈采用物质奖励方式时务必遵循两个原则：第一，不要轻易许愿，一旦许愿便要信守承诺。妈妈要有节制地、理性地满足孩子的物质要求，对无法满足或不能满足的要求，应明确拒绝并讲清道理。第二，要选择奖励的物品。妈妈可选择必需品或对孩子有益的奖品，如运动器材、书籍等，切忌选择奢侈品，防止孩子产生攀比心理。

其实，最适合送给孩子的奖励是精神奖励和活动奖励。社会化的人都希望得到他人的肯定、尊重和重视，孩子也不例外。而这两种奖励对父母的要求也更高，它表现的是一种真正的关爱和长久相处、沟通培养出的默契。因此，妈妈在孩子表现优秀的时候不妨为他们点个赞、送一个微笑，用适度的言语真诚地提出表扬，指出不足，给孩子信心和鼓励。另外，带孩子去动物园、旅游这种活动奖励也不失为一个好方法，既能满足孩子的好奇心、求知欲，还能在接触大自然中放松身心。

物质奖励是把双刃剑，恰当地使用能让孩子懂得"一分耕耘一分收获"的道理，反之则会让孩子变得功利，养成一些坏习惯。物质奖励要有度，如果妈妈能正确运用奖励，可以起到良好的引导作用。妈妈给孩子的奖励不用过多，价值也不用过高，适度奖励孩子一些对学习有帮助的书籍、学习用品等，能激励孩子的学习兴趣和热情，从而增强自信心、自尊心和上进心。不要动辄就是iPhone、iPad等昂贵且与学习无关的奖励，避免孩子单纯地将物质因素作为自己的学习动力。

奥运金牌得主帆船运动员徐莉佳小时候家庭经济条件并不好；演艺

圈新生代"小天后"黄龄出生在一个普普通通的上海家庭，爸爸妈妈都是平凡的上班族；钢琴老师沈洁也是成长于普通人家；即便是浙江有名的富豪家庭出身的"接力中国"理事长陈豪，父母也不随便给他零花钱，而是让他自己通过假期打工赚钱。

无论是奥运冠军，还是演艺新星，或是音乐老师，抑或是创业路上的"富二代"，在他们的成长路上，也许妈妈会将自己的一部分未完成的夙愿、理想"投射"到年幼的孩子身上，但在发现孩子有某一方面的天赋或特长后，在确定培养目标后，他们都是非常大胆地"不走寻常路"，给予孩子足够的空间和支持去发挥所长，全心全意地"辅佐"孩子去追寻自己的梦想。

对孩子的奖励应该以精神鼓励为主，物质奖励为辅。一个拥抱、一个微笑、一句赞扬等都能带来意想不到的效果。聪明的妈妈应该在多培养孩子的责任感、激发孩子的学习兴趣上下功夫，让孩子明白，学习是自己的权利，也是义务，努力学习是学生的责任，不能让孩子的学习动力来源于物质奖励。有了良好的学习态度，掌握正确的学习方法，才能快乐地学习。当孩子有了责任感，做事情的动力就会增强，从而逐渐养成良好的学习、行为习惯，这将让孩子受益终生。

7.学会在孩子的错误中发现优点

"你就不会小心点呀，看你做的什么事呀？""你脑子进水了啊？"

有些妈妈看到孩子做错事情，就会这样说，根本不考虑孩子犯错的原因。实际上，虽然孩子犯了错，但在犯错的过程中，孩子一定也有表现好的一面。如果妈妈就此把孩子全盘否定了，发现不了孩子的优点，孩子就会觉得自己无法得到妈妈的信任和认可。

妈妈带着涛涛走在路上，一阵大风吹乱了妈妈的围巾。

涛涛看到妈妈一只手拿着包，一只手还要去抓围巾，很不方便，就对妈妈说："妈妈，我给你拿包吧。"妈妈看了看儿子期待的眼光，便把包递给了儿子，开始整理自己的围巾。

没想到有个人急着赶路，碰了涛涛一下，导致涛涛没有站稳，摔倒在地上，妈妈的包也掉在了地上。涛涛没有顾自己的疼痛，捡起妈妈的包迅速站了起来。

妈妈看到涛涛恐惧的眼神，刚想问下涛涛伤到哪儿没有，涛涛却哭了："妈妈，不是我的错，我不是故意的。"

妈妈从涛涛的手中拿过包，用纸巾擦干净涛涛的眼泪后，对涛涛说："不哭了，都是男子汉了，还在大街上哭，丢不丢人呀？你看，妈妈的包没有坏，还是好好的。"

"妈妈，你不会生我的气吧？"

"当然不会了，涛涛愿意帮妈妈拿包，是涛涛懂得心疼妈妈了，妈妈很高兴。"

"那妈妈以后还让我给你拿包吗？"

"当然了，这样妈妈就能省很多力气了。"说完，妈妈又把包给了涛涛。

涛涛的妈妈懂得客观地来评价孩子，并且能在孩子的失误中找到教育和鼓励的契机。

妈妈评价孩子的时候，要从全方面来评价孩子的优缺点，不要单纯地以成绩的高低来判断孩子的好坏。如果妈妈想要判断这阶段孩子是否进步了，就要从孩子学习的认真程度，他的预习、复习情况，卷面是否干净等多方面来判断，这样，妈妈可以找到孩子的很多优点，从而给予孩子一定的表扬，让孩子有信心继续把好的一面坚持下去。

妈妈不要把孩子看"死"了，不要总是觉得孩子做什么都不行。其实，只要妈妈细心观察自己的孩子，就会发现孩子还是有进步的地方的。比如，孩子比前天会分析问题了，孩子敢于举手发言了，等等。看到孩子努力，哪怕只是一点点，妈妈都要给予孩子肯定。妈妈要明白，孩子的优点是一步步、一点点慢慢发展出来的。

有一个学生，原先作文基础不好，交上来的作文不仅寥寥数语，而且字迹潦草。老师找到孩子妈妈，妈妈皱着眉头说没办法，她讲了很多次，孩子都听不进去。孩子呢？则在一旁低着头，默不作声。老师明白了其中原由，便让妈妈先回避，自己和孩子交流起了作文的问题所在，下一步怎么修改。最后，老师告诉他把字写工整些，正所谓字如其人，人长得帅，字也要帅。第二天，这个孩子交给老师两篇作文，一篇是原稿，一篇是新修改的作文。老师仔细一看，发现孩子非常认真地修改了作文，尽管作文中还有一些词不达意之处，但字迹明显工整了许多。老师高兴地对他说："哇，你进步真大，字变漂亮了，内容也比原先的充实了许多，还能用上一两个好词，不错!"老师在他的作文中写了一道算式"80+5（进步奖）"，孩子看了很兴奋。临走时，老师送了他一支水笔，告诉他继续努力。就这样，这个孩子每次写作都会认真修改并重新誊写，慢慢地，他的写作水平提高了，人也开朗了许多。这位妈妈看到孩子的进步后欣喜不已，问老师用了什么办法，老师告诉她：发现孩子的优点，放大孩子的优点，多一些鼓励，少一些指责，就这么简单。

不要因为孩子成绩不好就认为孩子不是学习的料。其实，无论是批评还是表扬,妈妈都要每次只针对一个问题,具体错误具体批评。比如,孩子的作业错了很多,妈妈应该先看看是什么样的题错了,然后再批评孩子。在这个过程中,妈妈或许就会发现孩子的一些优点,比如字迹工整、错别字很少等。

如果妈妈觉得难以在孩子的错误中发现优点,那么,如果孩子能诚恳地接受批评,这也算是一个优点,在这点上给予孩子肯定也是可以的。

妈妈要不断地完善自己教育孩子的方法,学会在孩子的错误中发现孩子的优点,并及时地给予肯定,只有这样,孩子才会更有自信地面对今后的挫折和困难。

你懂得放大他的优点，让他乐在其中，也懂得少说"不"。你鼓励他大胆向前走，不以高标准来要求他，你知道，每个人的一生中总会犯错，但能汲取教训学习到经验也是一笔大财富。

第二章

少说『不』的妈妈——肯定孩子的每一分努力

1.告诉孩子"你是最棒的"

自卑是一种消极的自我评价或自我意识，对人的个性发展和身心健康有很大的危害。有些孩子无端地怀疑自己的能力，看不到自己的优点，总觉得自己不如人，处处低人一等，感觉有一种无形的压力使自己不能充分发展，这种心理压力就是自卑感。

奥地利心理学家阿德勒认为："自卑感起源于人在幼年时期由于无能而产生的不胜任与痛苦的感觉。"自卑感就像一颗"毒瘤"一样在人体内生根、发芽，并逐渐侵蚀人们的勇气和信心。孩子有了自卑心理后，如果没有对其进行正确的引导，就有可能因自卑而造成人格的不完善，而这种不完善将影响孩子的一生。

英国学者弗兰克林小时候就有自卑倾向。他总是抱着"我不行"的态度去面对生活，甚至有时做对了，也还要怀疑自己是错误的。这种自卑倾向对于一个孩子来说是很不幸的。

但更为不幸的是，弗兰克林的妈妈和老师都未因此对他进行正确的引导，更没有教给他一些战胜自卑的方法，甚至没有鼓励过他。于是，自卑像一颗"毒瘤"根植于弗兰克林的心里。他总是否定自己，不敢承认和正视自己，而这影响了他一生。

1951年，弗兰克林从自己拍摄的X照片上发现了DNA（脱氧核糖核酸）的螺旋结构，并且就这一发现作了一次演讲。但是，弗兰克林生性自卑，他不相信自己能有如此伟大的发现，因此，在演讲完之后，他又开始怀疑自己的假说是错误的，并且最终放弃了这个假说。

两年后，科学家克里克和沃森也从照片上发现了DNA的分子结构，他们提出了DNA双螺旋结构的假说，并且对此进行了不懈的探讨和研究。DNA双螺旋结构的发现和确定，标志着人类生物科学时代的到来，克里克和沃森也因此荣获1962年度的诺贝尔医学奖。

假如弗兰克林的妈妈在其幼年时就帮助他克服自卑心理，并建立自信，那么，长大成人后的他就会把这种自信带进工作中，就会坚信自己的发现与假说，这个伟大的科学成果也许会同他的名字一起载入史册。

要消灭自卑，最佳途径就是在孩子幼年时及时对他进行正确引导，把自卑消灭在萌芽状态。

一位黑人母亲带女儿到商场买衣服，一个白人店员挡住女儿，不让她进试衣间试穿，还傲慢地说："这个试衣间只有白人才能用，你们只能去储藏室里一间专供黑人用的试衣间。"可母亲根本不理睬，她对店员说："我女儿今天如果不能进这间试衣间，我就换一家店购衣！"女店员为留住生意，只好让她们进了这间试衣间。

又一次，女儿在一家店里因为摸了一下帽子而受到白人店员的训斥，这位母亲再次挺身而出："请不要这样对我的女儿说话。"然后，她对女儿说："康蒂，你现在把这店里的每一顶你喜欢的帽子都试一下吧。"女儿快乐地按母亲的吩咐，真把每顶自己喜欢的帽子都试了一遍，那个女店员只能站在一旁干瞪眼。

面对生活中的各种歧视和不公，母亲对女儿说："记住，孩子，这一切都会改变。这种不公正不是你的错，你的肤色和你的家庭是你不可分割的一部分，这无法改变，也没有什么不对。要改变自己低下的社会地位，只有做得比别人更好，你才会有机会。"

从那一刻起，不卑不屈成了女儿受用一生的财富。后来，她荣登福布斯杂志全世界最有权势女人宝座，她就是美国国务卿赖斯。

在赖斯小的时候，当她面对各种歧视和不公正的待遇时，如果她的母亲要求她忍让、顺从，还有今天的赖斯吗？不会，因为一个被自卑感包围的孩子是没有勇气和力量去改变命运的。而赖斯的母亲显然意识到了这一点，因此，无论在什么情况下，她都鼓励赖斯，帮助她驱赶心中自卑的阴影，使赖斯保持自信，正是这种自信帮助她一步一步走向白宫。

如果孩子有自卑感，妈妈不妨多提提孩子的长处，这样便于帮助孩子增强自信，克服自卑。虽然世上没有绝对完美的孩子，但每一个孩子都有优点，这需要妈妈有一双善于发现的慧眼，并告诉孩子"你是最棒的"！

2.帮助孩子做他"确实做不到"的事情

孩子在面对挫折的时候之所以会产生消极情绪，是因为他们觉得自己找不到好的解决办法。因此，妈妈要鼓励孩子积极寻找成功的方法。比如，让孩子多实践几次，寻找成功的窍门；让孩子虚心向成功的小伙伴学习；让孩子多和老师交流，寻求成功的方法；了解到孩子的想法后，妈妈帮助孩子做他确实做不到的事情；等等。这样，孩子面对挫折时就会轻松很多，不会再害怕挫折，而会勇敢地去尝试。

小晖是一个开朗的小男孩，他的兴趣爱好特别多。看到别人滑滑板，他想学滑板；看到别人弹吉他，他想学吉他；看到别人骑车很帅，他也想学骑车。他常常是看见别人玩什么便吵着要妈妈给他买什么。

小晖的妈妈看小晖这么好学便都给他买了回来,谁知他都是三分钟热度,跟着哥哥姐姐们学了几天就把东西丢在一边。妈妈问他:"小晖,你不是喜欢滑滑板、弹吉他、骑车吗?妈妈给你买的可都是最好的,你不好好学,那我就都扔了啊!"小晖哪管妈妈生气,理直气壮地说:"那就扔了吧,反正我学不会,滑滑板、骑车总是摔倒,疼死我了,弹吉他我又总找不着音调,弹得难听死了。"妈妈听小晖这么说更生气了:"你就是个败家子啊,学不会还要买,这不是白白浪费钱吗?"小晖也很郁闷地说:"那我以后什么都不要,什么都不学,总行了吧!"

这之后,小晖真的什么也没再让妈妈买过,妈妈很奇怪,但也没问小晖,以为他真的什么都不想要。

其实,小晖一直很困惑,他总在想:自己真的很差劲吗?为什么学什么都学不成?同时他又有点内疚,让妈妈白花了好多钱。久而久之,原本爱好广泛的小晖对什么都没了兴趣,整天就知道打游戏,和一帮"游戏高手"混在一起,他感觉只有在打游戏的时候自己才是快乐的。小晖的妈妈明白小孩沉迷于网络游戏很可怕,便把家里的电脑设置了密码,没想到小晖竟然偷家里的钱跑去网吧打游戏。

等小晖回家之后,妈妈狠狠地教训了他一顿,但没过几天,小晖又故态复萌,跑去网吧打游戏。小晖的妈妈不知道该怎么办,很是着急,担心他沉迷于网络游戏,会毁掉自己的一生。

孩子在成长的路上不可能一帆风顺,学会面对挫折是每个孩子必上的一课。挫折对于孩子的成长是一个硬币的两面。引导孩子积极对待挫折,孩子可能会越挫越勇;顺其自然,任凭挫折打击孩子,孩子可能会一蹶不振。就像故事里的小晖,小小的失败就让好学的他沉迷于网络游戏。

孩子们面对挫折不能积极上进的原因可能有以下几点。

(1) 孩子的心智尚未成熟。

孩子心理脆弱，没有经过生活的磨砺，不能正确认识挫折。而且，孩子的自控力差，面对挫折很容易放弃。当小晖认为自己不能进步时，他就没有了学习热情，丧失了继续学习的信心，就是一个典型的例子。

(2) 孩子的消极情绪无法自行排遣。

孩子们的自我调节能力差，很容易被消极情绪左右。遇到挫折时，孩子会产生担忧、惧怕等不良情绪。如果妈妈不能及时发现他们的心理变化，他们就会感到无助，认为自己无法战胜挫折。故事里的小晖在遇到困难时，妈妈只是很生气地责备小晖，而没有认真倾听他的烦恼。所以，小晖的消极情绪一直困扰着他，让他从此一蹶不振，最后只能借网络游戏来寻找快乐。可见，没有妈妈的关心和耐心，孩子很难排除消极情绪，成功战胜挫折。

(3) 孩子面对失败时往往找不到解决的方法。

孩子的分析能力弱，他们很难看出自己为什么失败，自己的不足在哪里。而且，孩子没有生活经验，对事物不能准确判断和正确处理。所以，孩子需要妈妈的引导。

孩子遭遇失败和挫折是很正常的事，妈妈要宽容对待，不能太过严厉或以太过严格的标准来要求孩子。

诗诗是个勤快的小女孩，看妈妈洗碗，她也想帮忙。

"妈妈，让我来洗自己的碗吧！"诗诗主动要求。

妈妈很高兴："行啊，给你。"

谁知诗诗手一滑，没抓好，把自己的小碗摔碎了，她内疚地哭了。妈妈赶忙说："没事，没事，下次拿好了再洗，给你洗妈妈的碗吧，改天再给你买个新碗。"

这次，诗诗小心地拿着碗，站在小板凳上认真地洗着。

正是因为有了妈妈的安慰和鼓励，诗诗才乐意继续帮妈妈洗碗。孩子有了被爱的感觉，才会有动力坚持到底。所以，妈妈要体谅孩子的心情，谅解孩子的失败，多给孩子尝试的机会。

如果某次失败给孩子的打击特别大，孩子特别害怕再做类似的事，那么，妈妈首先要帮助孩子走出失败的阴影，继而鼓励孩子积极上进。

妈妈可以转移孩子的注意力，让他看到事物美好的一面；还可以带孩子去和小伙伴们做游戏，等孩子忘记了失败的打击，消极情绪不再那么强烈时，再鼓励他继续尝试；也可以带孩子看一些励志的动画片、儿童电影，孩子看到这些勇敢的小英雄，会受到影响，从中获取力量，从而很快走出失败的阴影，学着积极上进。

多多引导孩子，他们就不容易因失败而走极端，一蹶不振。

3.保护孩子的兴趣

著名作家张洁说过，任何一种兴趣都包含着天性中有倾向性的呼声，也许还包含着一种处在原始状态中的天才的闪光。兴趣是孩子最好的老师，有了兴趣就成功了一半，因此，发现和培养孩子的兴趣对妈妈来说就成了至关重要的事情。

孩子虽小，但他们也有着鲜活的思想和情感，有自己的可塑性和广泛的兴趣，但孩子的兴趣也表现出了一定的不稳定性。

孩子们的兴趣和我们成人的兴趣完全是两回事，两者之间是独立的。即使孩子的兴趣显得简单、幼稚, 我们也不能因此而无视它的存在。成人需要做的是主动积极地接受孩子的兴趣, 尊重孩子的兴趣, 而不是把自己的兴趣强加在孩子身上。此外, 妈妈还要积极地创造一定的条件和空间, 鼓励孩子发展自己的兴趣。

我国南北朝时期, 有位著名的科学家叫祖冲之, 他小时经常受到父亲的责骂。

祖冲之的父亲祖朔之是一位小官员, 他望子成龙心切, 总是希望祖冲之能出人头地。祖冲之不到9岁, 父亲就逼迫祖冲之去背诵深奥难懂的《论语》。两个月过去了, 祖冲之只能背诵十多行, 父亲气得把书摔在地上, 怒气冲冲地骂道: "你真是一个大笨蛋!"

几天后, 父亲又把祖冲之叫来, 对他说: "你要用心读经书, 将来就可以做大官, 不然, 就没有出息。现在, 我再教你, 你再不努力, 绝不饶你。"

但是, 祖冲之非常不喜欢读经书, 他对父亲说: "这经书, 我是说什么也不读了。"

父亲听了祖冲之的话, 气得伸手打了他两巴掌, 祖冲之大哭起来。

这时, 祖冲之的祖父来了, 当他得知事情的原委后, 对祖冲之的父亲说: "如果祖家真出了笨蛋, 你狠狠打他一顿, 就会变聪明吗? 孩子是打不聪明的, 只会越打越笨。经常打孩子, 不仅不能起到任何好的作用, 还会使孩子变得粗野无礼。"

祖朔之无奈地说: "我也是为他好啊! 他不读经书, 这样下去, 有什么出息?"

"经书读得多就有出息, 读得少就没有出息? 我看不一定吧。有人满肚子经书, 只会之乎者也, 却什么事也不会做!" 祖冲之的祖父说。

"他不读经书怎么办?"

"不能硬赶鸭子上架。他读经书笨，说不定干别的事灵巧呢？做大人的，要细心观察孩子的兴趣，加以诱导。"

听了祖冲之祖父的话，祖朔之同意不再把祖冲之关在书房里念书，还让祖冲之跟着祖父到建筑工地上去开开眼界，长长见识。

祖冲之不用再读经书了，他感到非常高兴。

有一次，祖冲之问祖父："为什么每月十五的月亮一定会圆呢？"

祖父说："月亮运行有它自己的规律，所以有缺有圆！"

看到孙子对天文感兴趣，祖父对祖冲之说："孩子，看来你对经书不感兴趣，对天文却爱用心钻研，正好，咱们家里的天文历法书多得很，我找几本你先看一看，不懂的地方就问我。"

就这样，祖冲之的天文兴趣被祖父发现了，父亲祖朔之也改变了对儿子的看法。从此，父亲不教祖冲之学习经书，祖冲之对天文历法越来越有兴趣，最终成为一名科学家。

我国童话大王郑渊洁说："不要在孩子不感兴趣，还没有能力理解的时候，让他做任何不感兴趣的事情。"当孩子做自己感兴趣的事情时，他往往能够全力以赴；相反，如果妈妈要求孩子放弃他极感兴趣的事情，做一些他不喜欢做的事情，孩子必然会与妈妈发生冲突。

谢军是享誉世界的国际象棋特级大师，曾获得过多项世界冠军。她能取得这样辉煌的成就，与妈妈的教育是分不开的。

1982年，12岁的谢军小学即将毕业，但她却陷入了两难的境地——是升重点中学还是学棋。在这个分岔口，谢军举棋不定。小学6年中，谢军曾有7个学期被评为"三好学生"，对这样品学兼优的孩子，学校当然要保送她上重点中学。但是，国际象棋的黑白格同样牵引着谢军和她的家人。在这个节骨眼上，母亲的一席话给了谢军莫大的勇气，让小小年纪的她学会了自主，学会了对自己负责。

母亲叫来了谢军，用商量的语气说："谢军，抬起头来，看着妈妈的眼睛。你想考重点中学还是继续学棋？"这是母亲对女儿选择道路的提问，从某种意义上讲，也是对女儿将来命运的提问。这个家庭是民主的，对孩子采取了审慎商量的办法，充分尊重女儿的意见和选择。谢军目光坚毅、严肃地看着母亲的眼睛，坚定地说出了7个字："我还是喜欢学棋。"听到女儿的话后，母亲同意了她的选择，同时又严肃地说："很好，不过你要记住，下棋这条路是你自己选择的，既然你作出了这个重要的选择，今后你就应该负起一个棋手应有的责任。"

虽然一个12岁的女孩很难懂得和理解这段话，但她却理解了妈妈的良苦用心。母亲的这段话，使谢军受益了一辈子。假如没有当初这段话，或者是妈妈决定女儿的前途，就不会有中国这位国际象棋"皇后"。

美国教育家斯宾塞曾经说过："身为妈妈，千万不能太看重孩子的考试分数，而应该注重孩子思维能力、学习方法的培养，尽量留住孩子最宝贵的兴趣与好奇心。绝对不能用考试分数去判断一个孩子的优劣，更不能让孩子有以此为荣辱的意识。"

兴趣进一步发展，就会成为终身为之奋斗的志向。儿童的兴趣爱好非常广泛，但保持时间短，新鲜劲儿一过或一遇到困难便会退缩、回避。所以，一旦发现孩子对某方面有兴趣，就应鼓励他坚持。

孩子的兴趣是一种非常宝贵的资源，保护孩子的兴趣是为了更好地合理开发、利用它，任何形式的不尊重、限制或否定态度都不利于孩子的成长；同样，对孩子的兴趣进行任何形式的过度挖掘都是竭泽而渔，是极不负责任的行为。

兴趣是在较大的生活背景下对其中某些事物的偏好和主动关注。趣味是吸引孩子关注的最佳方式，而快乐是维持孩子兴趣的稳定剂。抓住这两个环节，就掌握了培养孩子兴趣的金钥匙。不要让孩子在许多种兴趣之间穿梭，否则会使孩子应接不暇，疲于应付。不要指望孩子的兴趣会在一夜之间就奇迹般地开花，也别认为"狂轰乱炸"有利于培养孩子的兴趣，那只会破坏孩子的兴趣。

4.给孩子自由的空间

在孩子很小时，有的妈妈就会为孩子准备房间，里面有最豪华的设备，能让孩子安心地玩乐、做作业。可是妈妈是否会想到，孩子需要的不仅仅是形式上独立的房间，更要有属于自己的、自由的遐想空间。

优优刚上小学一年级，妈妈就给他准备好了他自己的房间，说是给孩子一个独立的空间。可是，每一天优优从学校刚回到家中，妈妈就开始管束优优，不能看动画片，不能玩玩具，要先把作业做好，然后再做妈妈给他买的课外练习题。

优优虽然不满意，可还是坐在自己的小桌子前，磨磨蹭蹭地写着作业。妈妈不放心，过10分钟就进来检查优优做作业的进度。优优虽然很反感妈妈的做法，但也只是敢怒不敢言。

和成年人一样，孩子们需要有自己可以支配的时间，有自己能自由玩耍的空间。如果时间上全由妈妈安排，空间也由妈妈支配，孩子的事情全由大人包办，孩子的自主性就永远无法培养起来。

现在的妈妈把眼光和爱都聚集在孩子身上，对孩子监护过度，以致孩子完全没有个人空间，一举一动都在长辈们的关注与监护之下。妈妈按照自己的意志，想把孩子培养成自己心中设想的样子。这样一来，妈妈的爱就会成为一种巨大的压力，使孩子无所适从，失去自我。

孩子是有思想的个体，是需要在宽松环境里健康成长的人。作为妈妈，你了解孩子的需求吗？你知道该怎样陪伴孩子快乐地成长吗？包办一切的爱会使孩子失去自我，失去独立思考和锻炼的机会，最终使孩子无法制订和实现自己的人生目标，对生活感到迷惘。在这样的环境下成长起来的孩子缺少独立精神和责任感，最终会变成一个怯懦无能的人。

所以，妈妈应放下权威的架子，把自己放在和孩子平等的位置上，真正做到尊重孩子，不把自己的想法强加给孩子，只是提出想法和建议，让孩子自己选择。很多妈妈之所以不让孩子自主选择，是因为担心他不能正确做出选择。但是，孩子正是在错误中成长的，妈妈应该给予孩子充分的信任。当妈妈的想法跟孩子有冲突的时候，不妨换位思考一下：如果有人不尊重我而只是要我听话，我会是什么感受呢？这样就能更多地理解孩子的行为和想法了。

美国前总统富兰克林·罗斯福幼年时长着一双碧蓝的大眼睛，鼻梁挺拔，一头金色的卷发，看起来是那么英俊、神气，很招人喜爱。妈妈很喜欢富兰克林这头漂亮的卷发，并喜欢用各种服装来打扮年幼的富兰克林。但是，妈妈为他选择的衣服，富兰克林并不喜欢。

有一次，妈妈想给富兰克林穿绉边的套装，富兰克林大胆地说出了自己的不满。还有一次，妈妈想说服富兰克林穿苏格兰短裙，富兰克林又拒绝了妈妈的提议。最后，富兰克林和妈妈达成一致，穿水手服。

关于这段故事，萨拉在她的《我的儿子富兰克林》一书中这样写道："我们做妈妈的对于衣饰的品位虽然高雅，可我们执拗的儿女却并不喜爱。"可敬的是，富兰克林的妈妈并没有强迫孩子听从自己的意见，而是非常尊重孩子的意见。

萨拉是这样解释的："我们从来不曾试图对他施加影响，来反对他的喜好，或者按我们的模式规定他的人生道路。"

从这件事上可以看到，只要妈妈肯放手让孩子自己去作决定，孩子就会让妈妈惊喜于他的成长。所以，要想孩子具有自主性，妈妈应该适当放手，让孩子自己去做事情，信任他，尊重他，不要横加干涉，孩子会在妈妈的信任中成长起来。

在英美等西方国家，曾盛行开放式的教学理论，主张以培养学生的自立精神和独创性为办学宗旨，学生可以根据自己的兴趣和爱好自由选择听课内容，凭自己的意愿学习。这是尊重个人意志的一种体现，尽管他们还是孩子，但也有自己独立的人格，自己的事应由自己来决定。用这种方法培养孩子的自主精神是十分可取的。

牧心到美国两年了，由于美国的课程都相对简单，因此，他在学习小学课程的时候可谓是游刃有余。

在小学三年级的时候，他的学习成绩十分出色，各个方面都高人一等。

在学期快要结束的时候，老师海伦小姐问他："牧心，去问问你的妈妈，你是不是明年要跳一级？如果你想要跳级，就要参加一个跳级考试。"

牧心带着这个问题回到了家里，一家三口坐在一起讨论跳级的好处和坏处。

经过讨论，牧心的妈妈提出了自己的参考意见，认为跳级的好处是加快了学习进度，使牧心觉得学习更有挑战性，而且不会因进度过慢而觉得乏味，进而失去兴趣。跳级的坏处是，身边的同学都是比他年龄大的,在交往上可能会有一些问题。

最后,牧心的妈妈说:"牧心,爸爸妈妈的话只是给你一个参考,最终的决定还要靠你自己。"

当然,这次谈话最重要的目的是让牧心知道妈妈对他的学习状况非常满意,这一点并不需要用考试成绩或者跳级来证明。

这一点使牧心放下了心理负担,轻轻松松地参加了跳级考试。考试的结果证明,他达到了跳级的要求。于是,牧心很愉快地升到了高年级去学习。

在孩子心中,有时也会意识到自己应该做一些事情,但同时又有一种错误的观念:必须有妈妈的督促或帮助才能完成。比如自己应当早点睡觉,但他们却认为,督促自己早睡是妈妈的事,这种想法颇有点"反客为主"的意味,按时睡觉似乎成了妈妈的事,而非孩子自己的事。妈妈如果利用作息制度和铃声来控制孩子,执行与否要看孩子自己,那么,保证睡眠就成了孩子自己的责任。至于清晨按时到校,就更是自己应当做到的了。

让孩子自己拿主意,可以让孩子在很多方面受益。

首先,可以培养孩子做事的积极性。

其次,妈妈如果能认真听取孩子的意见和想法,而不是把自己的意愿强加于孩子,孩子就能明确感受到妈妈的支持和信任,从而增强对妈妈的感情。

最后,妈妈的这种态度有利于培养孩子善于听取别人意见的好习惯。

诚然,对于决定孩子的前途或是影响重大的事,让尚未成熟的孩子自己做决断是不可行的,但妈妈应有意识地创造一些让孩子参与决定重大事务的机会,尤其是与孩子息息相关的事,妈妈应征求孩子的意见,让孩子开动脑筋参与决策。比如,家中要买新电视,妈妈可以让孩子参与选择买什么牌子、型号。孩子被委以重任后，肯定会兴致勃勃地去了解各品牌、各型号电视机的价格、性能。这有利于孩子增长知识，也利于孩子对自己选择的东西倍加爱惜。

5.在孩子说出自己的想法时，给予积极的赏识

良好的亲子关系，不是孩子惧怕妈妈，而是妈妈与孩子相互信任、彼此尊重、共同成长。有了信任，孩子才能像朋友一样对你倾诉；有了信任，孩子才会在第一时间毫无畏惧地向你求助；有了尊重，孩子才会把你的信任与期待记在心上，并且化为动力。

世界各国学者的研究表明，很多人在青少年时期和成人后出现不能适应社会、人格障碍、精神疾病、违法犯罪等一系列问题，在很大程度上与早期的亲子关系不和谐有关。

严之然在保险公司任经理，他的妻子在商店做售货员，他们的儿子严成成11岁了。这是一个和谐幸福的三口之家，但一件意想不到的小事打破了这个家庭平静的生活。

正在小学读五年级的严成成已经连续3个月一回家就把自己关在房里了，这段时间，他几乎没有和妈妈说过一句话。

大约是半年前，严成成从外边捡回一只受伤的小兔子。看着都快读中学的儿子还那么热心于给兔子包扎、喂食，甚至抱着兔子睡觉，严之然夫妻就无名火起。“这都什么时候了，升初中多重要啊，你还养宠物？”

"爸，妈，你就让我留着兔子吧，不会耽误我学习的。"每每这时，严成成都会低声哀求。

严成成的确遵守了承诺，但严之然还是怎么看那只兔子都不顺眼，"养兔子还像个男孩吗？"于是一天，夫妻俩趁孩子不在，偷偷把兔子送给来串门的乡下亲戚。

严成成回来看到兔子不见了，哭得很伤心，忙赶到亲戚家想将兔子要回来，却发现对方已经把兔子杀来吃了，还把兔皮拿来给他看。

如今，3个月过去了，眼见儿子真把父母当仇人了，严之然夫妻才慌了神。但他们也百思不得其解，不就一只兔子吗，值得这样吗？这孩子是不是有什么心理问题？

显然，孩子长大懂事后，开始思考这个世界，思考他所遇到的每一件事，并逐渐产生自己的想法和观点。妈妈和孩子的世界确实不同，但在孩子成长的过程中，一直是很依赖妈妈的。这时，妈妈应该尊重孩子的想法，理解孩子的心情，倾听孩子的诉说，宽容孩子的行为，在孩子想要表达自己的想法和观点时，给予积极的赏识和尊重。这样，不仅可以进一步锻炼孩子的思考意识、表达能力和做事本领，而且可以通过倾听孩子的观点，发现和了解孩子的真实想法，从而纠正孩子成长过程中的一些错误行为。

初中生晓海给人的印象很老实，一点也不像那种调皮不听话的学生。他来到班主任办公室，一直没敢看老师的眼睛，坐了很久才说："老师，我想退学。"停顿了下他又说："我觉得太累了，所以不想学了。"

老师问："你爸妈同意吗？"

他想都不想地回答："不知道。他们也许乐意。"

老师说："你最好和爸妈谈谈。"

他摇了摇头，说："我们没有什么好谈的。"

通过家访，班主任了解到，晓海读小学三年级时，转到了父亲工作的学校就读。当同学们知道他父亲是老师后，有时反而会欺负他。因为性格内向，他没交到什么朋友，一直感觉很孤单。考不好时，任课老师会直接告诉他父亲。这让他父亲感觉很没面子，继而会狠狠地批评他。开始时，晓海还会听从父亲的教导，后来就索性跟父亲顶起嘴来。父亲更加恼火，于是，亲子关系越来越僵。

当被问到为什么抵触父母时，晓海说："我讨厌他们什么事都替我作决定，尤其是我爸爸。我一直在想，他们是不是真的关心我。我来这所学校上学，是我爸爸一手包办的，我成绩不好，他觉得我给他丢脸了。"

纵观四周，不少父母都像严之然或晓海的父亲一样，不太关心孩子想什么、爱什么，忽视孩子的感受和情感需求，甚至压制孩子的想法，粗暴干涉孩子的行为，总是以父母的思维来要求孩子。在与孩子沟通的过程中，这样的话语耳熟能详："你这样不行！""我说的话没错，你得听我的！""不听老人言，吃亏在眼前。"

孩子得到关心和爱护，获得爱和尊重，就会心情愉快、身心皆健，在情感上有足够的温暖和归属感；反之，则会影响孩子的发展，甚至会毁掉孩子一生的幸福。而营造温馨融洽的家庭气氛，其主动权很大程度上掌握在父母手上。父母对孩子的抚爱和关怀会毫无遗漏地流入孩子的心田，深深印在孩子的心间。爱，是永远不会被忘记的。

尊重能给孩子建构一个完美的人格，而信任能给孩子愉悦和满足，提升幸福指数。因此，妈妈在教育过程中给予孩子充分的尊重和信任是最为重要的。

6.善于发现孩子的潜力和优势

人的能力千差万别。有的孩子数学、语文成绩不好，但如果让他跑马拉松，比谁都强；有的孩子擅长漫画；有的孩子则擅长讲笑话。但是，这些能力都得不到学校和家长的认可，他们只是一味地重视所谓的"成绩"，这就导致了孩子的心灰意冷。

妈妈在大伟六年级的时候给他报了一个吉他兴趣班。开始的时候，大伟并不适应吉他班的氛围，入门也很慢。可慢慢地，大伟喜欢上了吉他，弹得也很不错，吉他老师也觉得大伟在这方面很有潜力。

大伟的吉他越弹越好，这时候，妈妈却害怕课余时间弹吉他会耽误大伟的学习，于是在没有征求大伟同意的情况下把吉他兴趣课给停了。为此，吉他老师也劝过大伟的妈妈，可大伟的妈妈觉得孩子好好学习正课才是最重要的。

每个孩子都有自己独特的地方，都是不同的。这不同不仅仅表现在发展能力的差异上，比如，有的孩子擅长演讲，有的喜欢数学，而有的则喜欢演唱歌曲、参加运动，还有的喜欢与人交往；它还表现在另一个重要的方面：那就是每一个孩子的发展速度也是有差异的，孩子都会按照自己特有的时间进程发展着。比如，所谓"神童"就属于智力开发早的孩子，而有的孩子小时候则显得十分"木讷"。

你的孩子大概属于哪一类型呢？他是喜好看书、写作、听故事、朗读，还是喜欢提出问题、解决数学难题、进行逻辑推理？他是喜好聆听音乐、创作歌曲，还是喜好模仿表演、手工制作、身体运动？抑或是更擅长与别人打交道，人缘特别好呢？

可能有些妈妈会说：我的孩子到目前为止还没有让我特别满意的地方，他没有什么优势。那是因为你没有仔细去观察。贝多芬被誉为世界上最伟大的音乐家之一，可他小时候学拉小提琴时，技术并不高明，他的老师说他根本不是当作曲家的料；达尔文是生物进化论的创始人，当年达尔文放弃行医的举动遭到了父亲的斥责："你放着正经事不干，整体只管打猎、捉耗子捉狗，能有什么出息！"达尔文在自传中描述："小时候，自己的父母、亲戚都认为自己资质平庸，与聪明是沾不上边的。"爱因斯坦4岁才会说话，7岁才认字，老师给他的评语是"反应迟钝、不合群、满脑袋不切实际的幻想"，他还曾遭到过退学。说到这，妈妈们作何感想？看看这些举世公认的天才，他们的成功之路并不是一帆风顺的，他们也需要时间和空间来"表达"自己独有的天赋，在成功的路上，他们比常人更多了几分磨难与失败。也正是这些磨难、失败与挫折，才造就了"天才"。

贝多芬、爱因斯坦、罗丹、迈克尔·乔丹，谁更聪明？对于这个问题，我们很难有一个统一的答案。的确，他们各有过人之处，分别表现在不同的方面，无法作出比较，而这恰恰是"多元智能理论"所要说明的问题。在加得纳的多元智能框架中，相对独立地存在着八种智能，它们分别是语言智能、数理逻辑智能、音乐智能、视觉空间智能、身体运动智能、自省智能、人际交流智能和自然观察者智能。根据多元智能理论，我们不能说上述的人物谁最聪明，只能说他们都是具有高度发达智力的人，他们在各自不同的方面以不同的方式把自己的聪明才智发挥到了无与伦比的境地。所以，只要能挖掘出自身的优势潜能，做到高效学习，我们的孩子也能顺其优势积极、和谐地发展。

爱尔维修说："即使是普通孩子，只要教育得法，也会成为不平凡的人。"妈妈们要做的仅仅是发现和培养孩子的潜质与特长，给他创造条件，提供土壤，使他成为最好的自己。

7.让孩子明白，成绩是靠努力换来的

每个孩子都希望自己成绩优秀，比其他同学出色，可很多孩子嘴上说着要好好学习，却从不踏踏实实地真正坐下来看几分钟书。当孩子看到其他孩子的成绩比自己好时，又会不屑一顾地说："神气什么？这次只是你走运而已。"或者冷冷地说上一句："他天生就比我聪明，考得好也很正常。"甚至有的孩子还会认为自己不是学习的料，从而"破罐子破摔"。

这样的想法是错误的，如果妈妈发现孩子有这样的想法，就要告诉他："想要有好的成绩，就要自己付出实际的行动，只说不做，永远都不会有改变。"而相对于那些付出了努力依然没有取得好成绩的孩子，妈妈也不能表现得太着急，应及时告诉孩子："努力学习也要有好的学习方法，并且要坚持下去，这样成绩才会慢慢地有所提高。"

孙月是个上进心很强的女孩。一天，孙月拿着刚刚发下来的数学试卷对妈妈说："妈，我是不是很笨呀？为什么每次都考得这么差？"

"没关系，下次考得好点儿不就可以了吗？"妈妈笑着和孙月说。看着还是很不高兴的女儿，妈妈接着说："你知道其他同学为什么考那么好吗？"

"为什么呢？"

"你没有发现，成绩比较好的同学一般都比你认真努力吗？"

"是，他们做作业很仔细，有时一道题目，他们会提出好多不同的解法。"

"这就对了，每个人的成绩都是通过自己的努力换来的，比你差的同学上课时肯定没有你认真。"

听到妈妈这样说，孙月点了点头。

"所以，你不要觉得成绩好的孩子就一定聪明，他们只是很用功而已。"

"那妈妈，是不是我只要用功地学习，也可以考一个好成绩呀？"

"当然，不过，学习方法也是很重要的。"

听完妈妈的话，孙月高兴地回屋看书去了。

不知从什么时候起，很多父母都觉得不应该让孩子承受一点学习和生活压力，这其实是陷入了一种误区。父母必须让孩子知道，成功的道路上一定伴随着曲折，充满了艰辛，要想获得好的学习成绩，就必须努力付出。

从来没有天上掉馅饼的事，只有通过自身的不懈努力、刻苦钻研，才有成功的可能，学习也是一样。谁不是一路考试拼搏上来的？谁小时候不是一大堆家庭作业，有时做得不好还要被老师批评？让孩子快乐成长是正确的，但这并不是说可以纵容孩子逃避学习的辛苦，寓教于乐的教育方式并不意味着孩子不需要刻苦学习。

优秀学习成绩的取得，需要孩子在别人玩游戏、看电影的时候静下心来学习。有的孩子心智比较早熟，从小便有自己的远大志向，所以，他们在学习过程中有自己的奋斗目标，并为此而努力；也有些孩子没有树立远大的目标，但至少应有一个像考上好中学或好大学这样的短期目标。无论是哪种情况，他们都应为了实现目标而努力付出。

　　小博小的时候学东西比别的孩子慢半拍，为此，他的父母非常苦恼。今年，小博上小学了，就当父母认为小博不会有什么好成绩的时候，小博却带回了一张100分的试卷。这是一张数学测验的试卷，上面被老师画满了红色的勾勾。

　　"这是你的卷子吗？"爸爸吃惊地问小博。

　　"当然是我的，上面有我的名字啊！"小博自豪地对爸爸说。

　　"小博真不错，告诉妈妈，你是怎么考出这么好的成绩的？"妈妈问道。

　　"老师讲课的时候我经常听不太懂，下课之后同学们都出去玩了，我就把不懂的地方拿去问老师，老师再给我讲一遍，我就全懂了！做作业的时候如果有不会做的题，我就把老师讲的课再复习一遍，不会做的题也就会做了。"小博高兴地对妈妈说。

　　听了小博的话，妈妈的眼圈一下子红了。虽然自己的孩子算不上聪明，却如此好学和努力。

　　"小博真努力，是我们的好孩子！"妈妈含着泪说。

　　在一个学校或者班级，通常有两种学生最受老师喜爱：一种学生非常聪明且非常努力，从来都不因为自己的聪明而骄傲自满；另一种学生不算聪明却非常努力，从来都不为自己的不聪明而自卑。由此可见，努力的孩子到哪里都是受欢迎的。

　　父母应该赏识孩子的勤奋和努力，对他们的努力给予最热情的支持和鼓励。不要因为孩子不聪明而气馁，而应该为孩子不努力而担心。始终记住一句话："所谓天才，是百分之一的聪明加百分之九十九的勤奋！"很多情况下，父母应该故意淡忘孩子的聪明，重视孩子的努力，并把这种理念传递给孩子，让他们感觉到只有努力才能获得父母的认可和夸奖，进而逐步明白一个道理：聪明往往只能决定一时的成败，只有努力能决定一世的命运。

当孩子在学习或其他方面取得优异成绩时，不要把这个成绩归功于孩子的先天优势，而应把观注点集中在孩子的后天努力上。应该告诉他："成绩真不错，这都是你努力学习的结果！"

第三章

不『包办』的妈妈——放手去爱，让孩子学会独立

你尊重孩子的选择，你不强求孩子参加培训，不替孩子决定读什么样的书、讲什么样的话、走什么样的路，以及过什么样的生活。

1.让孩子懂得为自己负责

虽然孩子在法律意义上还没有完全的民事行为能力，但是要培养孩子的责任感，妈妈同样需要向孩子传达一个概念：要对自我负责。

丝兰是个8岁的小姑娘，虽然才上小学二年级，但妈妈对她的教育却非常严格，从小事到大道理，妈妈都一而再、再而三地和她说，希望她能负起自己的责任。

有一次，妈妈和她说起要对家人负责任，丝兰问妈妈："什么是对家人负责任？"妈妈告诉丝兰："帮家里做一些力所能及的事情就是一种对家人负责的表现。比如说帮爸爸妈妈擦鞋、帮妈妈收拾家务……"

听完妈妈的话后，丝兰对妈妈说："那从今天开始，我要帮奶奶洗碗。"妈妈很高兴，对丝兰说："说到做到才是好孩子哦！"丝兰满怀信心地对妈妈说："没问题。"

可是第二天，妈妈发现，家里人已经吃完晚饭，奶奶在洗碗，丝兰却在看动画片，很明显，丝兰食言了。见此情景，妈妈让丝兰不要看电视，先去洗碗，正看在兴头上的丝兰自然不愿意。妈妈严厉地批评了丝兰，丝兰只好停止看动画片，边流泪边洗碗。这时，她也明白了什么叫对自己的言语负责。

孩子只有先懂得对自我负责，然后才会懂得对他人负责，对这个社会负责。

柔柔的同学在学电子琴，她跑过去和同学学了一天，跑回家来便要妈妈也给自己买一台电子琴。可是妈妈考虑到电子琴并不便宜,买一台要花掉自己近一个月的工资,便没有立刻答应,她想看看柔柔是不是真的喜欢学电子琴。

在接下来的几天时间里,柔柔一直嚷着要妈妈给自己买电子琴,考虑到学电子琴是个不错的爱好,妈妈最终决定给柔柔购买。不过在购买之前,妈妈和柔柔协商了一下:决定利用柔柔的压岁钱购买,如果数额不够,妈妈再用自己的钱补上。

为了能得到电子琴,柔柔想都没想就答应了。

第二天,妈妈带着柔柔买回了她梦寐以求的电子琴。可是,柔柔在学了一周之后发现弹电子琴并不是一件轻松的事情,渐渐地,她就对电子琴失去了兴趣。后来,她竟然要赖,要妈妈将她的压岁钱还给她。

对于这样的要求,妈妈严词拒绝,并且告诉柔柔,要对自己的行为负责。她现在不仅拿不到压岁钱,还得好好练琴。妈妈甚至告诫柔柔:如果做不到这两点,以后任何玩具、任何零食她都得不到。

至此,柔柔虽然后悔不已,但还是乖乖地接受了妈妈的要求。不过,让妈妈欣慰的是,从此,柔柔在购买东西的时候学会了思考,因为她记住了妈妈的那句话:要对自己的行为负责。

家长在教育孩子学会对自我负责时,可以从以下几个方面入手。

(1) 对自己的行为负责。

毫无疑问,好动、调皮的孩子总会做出一些出格的举动,造成一些不好的影响。聪明的妈妈会通过让孩子对自己的行为负责,用实际生活的体验来告诉孩子:在这一点上,你做错了。

让孩子对自己的行为负责不仅有利于孩子认识自己的错误,而且有利于培养孩子的责任感,提高其抗挫折能力。因为孩子在负起责任的同时,也能感受到凡事应该以自己稚嫩的肩膀去承受,这正是很多孩子所缺少的。

（2）对自己的想法负责。

每个孩子都会有自己的想法，这些想法有对也有错。但很多孩子在有了错误的想法之后，并不知道自己的想法是错误的，乃至一错再错。要避免出现这种情况，比较有效的方法是当孩子第一次出现错误想法时，家长就让孩子对自己错误的想法负责。

（3）对自己的安全负责。

孩子的安全是家长最为担心的事情，所以，有的妈妈恨不得寸步不离地保护孩子，以保证孩子的安全。但是，家长应该清楚一点：你不可能保护孩子一生，你唯一能做的就是告诉孩子：要对自己的安全负责。

（4）对自己的言语负责。

很多孩子之所以养成说话不算数的坏习惯，和他们从小不懂得对自己的言语负责有着密切关系。所谓对自己的言语负责，是指要孩子明白：自己说过什么，就一定要做到什么。切不可说话不算话，失去信誉，否则以后就没有人会再相信他了。

2.创造机会，鼓励孩子自强自立

一个独立性强、生活能够完全自理的人，他的自信心也会很强；而缺乏生活自理能力，事事不会做、处处有困难的人，不仅生活上会遭受许多磨难，还会逐步滋长自卑心理，以致在学习和工作中也觉得自己一无是处。

有一位教育工作者曾经说过，如果你想让自己的孩子早日学会独立，就应该教会他如何从事工作，并养成习惯。将孩子培养成一个坚强自立的人，是每个家长的心愿，也是父母能够给予孩子的最珍贵的礼物。当孩子拥有了独立的能力时，他的学习能力会更好，耐挫能力也会更强。

一位母亲为了培养孩子的独立性，给了儿子2元钱，嘱咐儿子1元买香菜，另外1元可以去买根冰棍，算是对他的奖励。儿子极不情愿去买菜，虽然他已经5岁半了，可他平时都是饭来张口、衣来伸手，从来没有做过这样的事。

母亲告诉儿子，自己像他一样大时，已经能买酱油，帮家里做一些事了。做通了孩子的工作，看着孩子离开的身影，母亲一边庆幸，一边担心。庆幸的是孩子长大了，能帮自己了；但又担心孩子在途中会遇到危险。等了半天，孩子还没回来，母亲放心不下，赶紧跑出去找他。刚出楼道口，便看到了儿子小小的身影，他左手提着菜，右手拿着冰棍，笑眯眯地回来了。

母亲高兴地夸奖孩子能干，孩子也很兴奋地向母亲叙述买菜的经过，原来，他是让院里一个大姐姐陪他一起去买的。

母亲想，儿子还真有办法，自己胆子小，倒会找陪同。虽然儿子不是单独完成这项工作的，但母亲依然觉得儿子很棒，毕竟这是第一次帮父母去买菜，以后多锻炼一定会更好。

由此可见，妈妈有时大可不必过分担心自己的孩子，更不可低估了孩子的能力，孩子自有他的办法。只要告诉孩子必要的安全知识，大可放手让孩子自己去做一些力所能及的事，早一点体验独立的生活。妈妈只需像朋友一样站在儿子身边，做他的参谋和启蒙老师，但最终的决定权一定要交到孩子手上。当发现孩子的一些决断明显欠周到时，妈妈可以在与孩子共同探讨的过程中让他认识到自己的问题，然后再让他调整自己的决定。

需要注意的是，任何人都可能犯错误，既然妈妈已经把一些事情交给孩子去做了，就要允许孩子犯错误。因为犯错本身也是一个学习的机会，可以借此培养孩子的自我反省能力，找出失败的原因，然后及时调整自己的行为。在孩子没做好事情时责罚他，不是明智的做法。妈妈经常这么做，就会扼杀孩子自主做事的积极性，让孩子畏缩不前，不敢尝试。

如今独生子女居多，对待孩子，家长们总是"含在嘴里怕化了，托在掌上怕摔了"。孩子是家里的小太阳，全家都围着他转。殊不知，对孩子过分宠爱，过度保护，过多照顾，生活上包办代替，给孩子穿衣、喂饭、整理玩具等，其实是在剥夺孩子独立做事的机会，这将直接导致孩子缺乏独立性，生活能力低下，依赖性强，意志薄弱。如果让孩子在这样的家庭环境下长大，不要说铸就天才了，只会培养出低能儿。

虽然妈妈为孩子做一切是出于对孩子的爱，但表达爱也要讲究智慧和方法。孩子年龄较小，独立性是孩子自我发展的动力，是孩子全面发展的基点。一个孩子有了初步的独立性，去做力所能及的事情，去动脑筋想问题，独立地从事一些活动，他的身体、智力、情绪、性格、意志等方面就会发展得较快、较好。如果家长过分"关心""保护"，一切包办代替，孩子就会缺少锻炼的机会，进而影响到他们各个方面的发展，日后造成能力低下、性格懦弱，智力发展也会受到阻碍。

婷婷是家里的独生女，妈妈总是把她的生活事无巨细安排得十分周到，但婷婷却对妈妈的劳动不屑一顾。她总是不耐烦地说："妈妈，你烦不烦？我自己也能独自处理好自己的生活。"

妈妈想，不妨创造一个机会，看看她到底行不行。于是，在一个周末，爸爸出差之后，妈妈留下了一张字条也走了。字条上说："外公病了，我需要去照顾他，所以，也许三天，也许一个星期，我不会在家，希望宝贝能照顾好自己。"妈妈走的时候想：离开妈妈，你是无法生活的，我要让你知道这个道理。

妈妈走后的第一天，婷婷尽情地玩耍，把房间搞得乱七八糟。第二天，她醒来一看，房子里乱糟糟的，觉得不能再这样疯玩了，要好好收拾一下，把房间打扫干净了再玩。

一个上午过去了，婷婷把房间打扫得干干净净，中午还照着菜谱给自己准备了午餐。

三天后，妈妈回来了，当她看到整洁的房间和一如往常的女儿时，突然间觉得自己很无知，"原来，孩子是具备独立做事的能力的。看来，以后要多给孩子创造这样的机会。"

当然，孩子独立自主能力的获得也并不是一帆风顺的。对孩子来说，他在发展道路上每前进一步都要付出代价，家长也要有足够的耐心。

自立与自强总是结合在一起的。自立就是靠自己劳动来创造生活，不依赖别人；自强就是不安于现状，勤奋进取，依靠自己的努力不断向上。一个事事依赖别人的人，必然会无所作为；而靠自己的劳动创造生活的人，一定会受到人们的尊重。所以，要让孩子学会自己安排自己的学习生活。

3.舍得放手，让孩子吃点苦

"放手"去爱，其实就是教给孩子"学会生存"。"学会生存"是联合国教科文组织特别强调的教育的四大支柱之一。一个人的社会化过程，就是从自然人到社会人的转化过程。其中，培养个体的自立能力和判断能力是个体社会化过程的必备条件，也是"学会生存"的重要内涵。

职业高尔夫球手横峰樱的伯父横峰吉文在鹿儿岛开办了一所横峰式幼儿园。在横峰式幼儿园，一个怎么也跳不过跳箱的孩子成为关注的焦点。

孩子下决心说："无论挑战多少次，一定要跳过去！"说是这么说，但他却怎么也跳不过去。就在孩子快要放弃时，妈妈和其他人都想伸手帮帮他，但这家幼儿园的女园长却不答应这么做，只是鼓舞他坚持。

孩子受到鼓舞，发誓"一定要跳过去"，他坚持练习，只为在成果展上有出色表现。女园长相信这孩子的能力，总是在一旁为他加油。当孩子在成果展上顺利跳过跳箱的时候，女园长比谁都高兴，抱起孩子一个劲儿地表扬。

在培养孩子的过程中，大人要分清"何时放手守护"和"何时出手帮助"。要想让孩子具有自主性，减少不自信、逆反等行为，妈妈应该适当放手，让孩子自己去做事情。

"要想知道梨子的味道就要自己尝尝。"这话用在教育上非常适用。父母们怕孩子失败，怕孩子受苦，于是想尽办法把所有他们认为可能带来痛苦的事情告诉孩子。当家长们在用焦虑甚至严厉的口气让孩子远离"雷区"时,孩子获得的只是结果和焦虑,不仅无法体验探索冒险的快乐和自由,更无从学到应对危险、坎坷的知识经验。

张先生在德国做访问学者期间,带着5岁的儿子在海滩上玩。他们旁边是一位德国妈妈,在躺椅上看书,她的孩子却抓了一把沙子往嘴里塞。

张先生非常着急,他走上前去,提醒德国妈妈:"你的孩子要吃沙子了。"可是,那位母亲非常茫然。"那又怎么样呢?"她说,"等他尝过之后知道沙子不好吃,自然就不吃了。"

张先生愕然,在中国,大部分家长都会阻止孩子。

家长告诉孩子沙子不能吃和孩子自己放到嘴里发现沙子难以下咽,结论是一致的,但获得这个结论的方式却不一样。前者,孩子获取的是父母判断之后提供的间接经验;后者,孩子得到的却是亲身体验之后的直接经验。

有时候,让孩子自己去体验,反而能从中体会到更多,对他们的影响也更深远。

孩子长大的过程是一个社会化的过程,这个过程显著的特点之一就是具有实践性。他们通过亲身体验才能明白许多道理,而父母应该尽可能多地为孩子提供体验的机会。

一对农村夫妇四十得子,因而对其宠爱有加,在蜜罐中长大的儿子做事毛毛糙糙,连走路都走不好,时常跌进水田里,很是让望子成龙的父母焦心。

儿子7岁那年上小学,顽皮的他走路喜欢东张西望,不是弄湿了鞋子，就是弄脏了裤子，哭鼻子成了家常便饭。母亲整日跟他后面洗，也无法让他穿得干净。

一天，孩子的父亲带着一把铁锹去儿子上学必经的田埂上，在上面断断续续地挖了十几道缺口，然后用棍棒搭成一座座小桥，只有小心走才能通过。那天放学，儿子走在田埂上，看面前一下子多了那么多小桥，很是诧异。是走过去，还是停下来哭泣呢？四顾无人，哭也没有观众，最终，他选择了走过去。背着书包的他晃晃悠悠地通过了小桥，惊出了一身冷汗，但他第一次没有哭鼻子。

吃饭的时候，儿子对爸爸讲了今天走过一座座小桥的经历，脸上满是神气。做父亲的坐在一旁，夸他勇敢。此后，他上学的路上再也没惹过麻烦。

妻子对丈夫的举措有些不解，丈夫解释道："平坦的道上，他左顾右盼，当然走不好路；坎坷的路途，他的双眼必须紧盯着路，自然走得平稳。"

孩子的成长不能替代，有些父母太急于帮助他们，或者要求他们一出手就能做到完美。但这样做会剥夺孩子发现的机会，扼杀他们学习的兴趣，打击他们解决问题的主动性。

3岁的孩子擦完桌子之后去洗抹布，观察到"抹布比以前白了"，"水变成黑色了"。这两者之间的关系在成人看上去很明显，但孩子却通过亲身实践了解到了事物的变化。如果父母直接对孩子说"别抓抹布""水都黑了，不能洗手了"，那他就不能在实践中体会到这两者之间的联系。

小鸟从小就有飞的本能，孩子也有独立判断成长选择的能力。把自由还给孩子，你会发现他们比想象中更勇敢、更自信，也飞得更高、更远。

4.让孩子自己选择，更容易解决问题

你有没有想过为什么孩子有时会一口拒绝父母的意见或指示？答案很简单：维护独立自主的权益，是孩子的本能。

为了避免在这一点上和孩子发生冲突，父母给孩子"提供选择"是个好办法。

举个例子，孩子要买一套运动衣，家长可以和孩子讨论，你说："儿子，运动衣马上就给你买，你是买70块钱的，还是买100块钱的？"他选择哪种，你就给他买哪种。

这种选择给了他一个民主的机会，一个掌握话语权的机会。不让他在处理问题时独来独往，给他一个小的范围，让他在这个范围里去实施自己的计划，这样，孩子便在听话与不听话之间用这种选择的方式教育了自己，进而不再跟家长对抗。

实际上，有很多智慧的方法可以避免让孩子和家长分庭抗礼，产生对峙。比如，在学习方面，孩子很可能会由于各种原因造成偏科，这时候，家长可以尝试新的办法来教育孩子。一方面，自己站在孩子的角度去理解、领悟对方的感受，给他转圜的余地，尊重孩子的选择，给予孩子重新考虑的机会。另一方面，让自己作为孩子的学习顾问，以建议的形式、探讨的语气给孩子一定的宏观引导和帮助，告诉孩子兴趣是学习最好的老师，兴趣应是多方面的，要培养自己广泛的兴趣爱好，同时也让孩子明白：学习不能光凭兴趣，尤其小学阶段是接受基础教育的阶段，不能偏科。在生活方面，家长也可以改变以往的做法，让孩子自己选择，这样做更容易解决问题。

孩子慢慢长大了，任性的花样层出不穷。早上起来，王女士给儿子准备好黑色的袜子，但他就是哭着闹着不肯穿；换一双黄色袜子，他继续闹，仍然不肯穿，即使强制套到脚上，他也会使劲把它脱下来。闹完了，哭累了，脾气也发够了，让他自己挑，结果，他还是穿了原来那双黑色的袜子。儿子天天这样，王女士苦恼不已。不过幸运的是，一次无意间，王女士发现了孩子的秘密。当时，为了省事，王女士预先拿好两双袜子，向儿子询问了一句："儿子，你想先穿黑色的袜子，还是黄色的？""黄色。"儿子很干脆地回答，没有做出往常不合作的举动。太阳从西边出来了——儿子的合作让王女士大感纳闷，原本准备预留5分钟僵持的，没想到几秒钟就解决了。既然这么顺利，王女士就顺势多问了一句："儿子，你准备先穿左脚，还是右脚？""右脚。"儿子的回答爽快得令王女士难以置信。那天没有费一点力气，就解决了一个大难题。

好的行为经常做，就可以固化为一种好的习惯；好的习惯养成了，就可以造就一种好的性格，但前提是要弄清楚这种好的行为是如何发生的。如今的孩子接触外界的机会很多，在许多事情上已经有了自己朦胧的看法与态度，包括"选择"在内的各种自我意识也渐渐萌发。其实，孩子对黑色与黄色的袜子并没有太强烈的好恶区别，只是希望能通过选择得到大人的尊重和认同，从而产生一种孩子特有的成功感和满足感。

李女士怀孕7个月左右的时候，在娘家住了大概两个月。那段时间，不到3周岁的小侄女茹茹一直跟她在一起。其间，她体会到小孩子的教育真是挺有学问的。每次李女士的父母带茹茹出去的时候，她都要求他们抱着或背着她走，不管用什么方法，她总能说服爷爷奶奶为她"服务"。

有一次李女士带她出去，要走挺远的路，但由于事先大人们都告诉过茹茹：不能让姑姑背你，姑姑肚子里有宝宝，怕累。所以，她一直都没要求李女士背她。可能是真的有点累，茹茹走着走着就停了下来，说："姑姑，我好累啊！"李女士知道，这孩子肯定又在打什么鬼注意，便也装着好累的样子说："这样啊，姑姑也好累啊，都走不动了，要不你背姑姑吧！"李女士看到茹茹的表情由惊讶变为失望，便接着说："宝贝，我们先在这休息一下，然后一起加油走回去，爷爷一定会夸奖我们的！"茹茹低头开始犹豫，李女士趁机说："你是要背姑姑回去，还是我们休息一下走回去，你自己选吧。"想了一会儿，茹茹终于说："我背不动姑姑，走回去好了。"于是，两人休息了一下，便手牵手继续走。一到家，她立刻跟爷爷炫耀道："我是自己走回来的，姑姑都走不动，我走得动！"听了这话，大家都争相表扬她，让她美得不行。

不要小看孩子的能力，他们真的可以做得更好，只是作为大人的我们要懂得放开手，让他们有更多锻炼的机会。不要小看孩子的判断力，他们绝对能选择好的、对他们成长有利的事情，只是有的时候，他们不知道某件事情的坏处到底有多坏。只要加以正确的引导，每个孩子都能凭借自己的分析做得更好！

李明小朋友挑食现象严重，不喜欢吃的东西一口也不吃，王女士多次劝导没有丝毫效果。又到吃饭时间了，李明一看见满满的一碗饭，还有鱼丸、白菜、蛋汤，眉头就皱了起来。王女士问他："是不是不要吃饭。"他摇头。"不要吃菜？"他又摇摇头。"不要喝汤？"他还是摇摇头。既然愿意吃，为什么摇头呢？到底是什么原因？王女士耐下性子，先喂他，可他不肯吃。突然，王女士脑中闪过一个念头，何不换一种方法试试，比如允许他少吃一点呢？于是，王女士对李明说："这样吧，你能吃多少就吃多少！"听见这话，李明马上点点头，拿起筷子就吃了起来，一会儿就吃下了半碗饭菜，还一边吃一边瞄王女士一眼，王女士高兴地对他拍拍肩。

从这件事中，家长可以领悟到：孩子不吃饭，其实是有他的想法和原因的。满满一碗饭对孩子来说可能是个心理负担，这时，只要家长能给他一个选择的台阶，使他减轻心理负担，他便能愉快轻松地进餐。可见，孩子有他自己的内心想法和需求，有些想法他不善于用言语表达，便由行为表现出来。但即使是外显的行为，也有多种不同的表现方式，而且在孩子的行为表现背后还有成人所不可理解的心结。如果家长无法破译这份密码，就难以与孩子进行沟通，这样会影响到孩子的成长和发展。所以，只有深入地了解孩子的内在需求，采取适当有效的对策，家长才能开启孩子的心门，培养其健康的人格。

孩子是独立的个体，而家长总是把孩子当作受教育的对象甚至是被动接受知识灌输的客体来对待，对孩子们只讲他们的责任，而很少提及他们的权利。功利主义观念又促使家长自觉或不自觉地为孩子去选择道路，设计未来，用自己的意志去控制孩子，忽视孩子本身的兴趣爱好；遇到与孩子的意志发生冲突时，缺乏应有的教育耐心，处理时求快、求省、求便，教育方法简单、粗暴，滥用权威，这样会严重挫伤孩子的主体积极性。

如果我们只是用言语来劝告孩子这样不好，那样也不好，也许刚开始时孩子会照你的意愿去做，可时间久了，孩子总会产生抵触心理。我们需要选择的机会，孩子更需要选择的机会，所以，请给孩子多一点选择的机会。

5.授之以渔，教给孩子做事方法

美国著名心理学家威廉·詹姆士有这样一句经典名言："播下一个动作，你将收获一种习惯；播下一种习惯，你将收获一种性格；播下一种性格，你将收获一种命运。"可见，如果一个孩子从小就养成良好的学习和生活习惯，他的人生将充满期待。

宋刚要搬新家了，他存了一大罐子硬币，爸爸妈妈和他商量，让他将这些硬币拿到银行兑换成纸币。宋刚想到能换成大面额的钞票，就欣然应允了。

不过，一个难题摆在他的面前，就是要将硬币数出来。可这么多的硬币自己一个人数实在是太难了，而且肯定要花费很多时间。于是，爸爸妈妈建议他将硬币分成三份，爸爸、妈妈和宋刚每人各负责数一份。

宋刚负责的那堆最小，但十几分钟后他就开始东张西望，老忘记刚刚数到的数，不得不重新数。宋刚偷偷地看看爸爸妈妈，发现他们两个人数得特别认真，一边数，一边还在纸上记着数字。

半个小时后，当爸爸妈妈都数完时，宋刚才数了一点点。爸爸妈妈及时指出宋刚做事慢的原因："儿子，你干活时总是开小差，不认真。"宋刚认识到了自己的问题，终于坚持将自己的那一堆硬币数清楚了。

很多时候，当孩子独自面对难题时，他们总想去求助自己的父母或者他人，表现出精力不集中、拖延、消极等待的态度。一旦孩子出现这种情况，妈妈一定要让孩子明白这样一个道理：认真，也就意味着节省更多的时间和劳动。让他学会对自己的事情负责，不要拖延，甚至可以采取一些适当的惩罚措施，督促孩子坚持去完成任务。

"三天打鱼，两天晒网"或者"虎头蛇尾"的做事方式，只会把孩子拉进失败的旋涡。而一个做事有始有终的孩子，一定会认真、负责地对待每一件事情，进而凭借不断的努力走向成功。

做事有始有终是一种重要的素质，与孩子的坚持不懈、耐性、自制力和责任心密切相关。孩子做事总是有头无尾，不能坚持，是责任心不强的表现。长期如此，孩子的耐性和意志力将会很差，不利于他们的成长和发展，对他们将来融入社会也会造成障碍。因此，培养孩子做事有始有终的好习惯是至关重要的。

晶晶已经上一年级了，是个聪明可爱的孩子。这天，学校里的科学老师给大家布置了一项特殊的作业：让同学们观察布谷鸟，并就此写一篇观察日记。

这项作业可难不倒晶晶，因为她妈妈是个业余动物学家，经常到野外观察各种动物。晶晶准备让妈妈替自己写这篇观察日记。

可是，听完晶晶的话后，妈妈拒绝了。她对晶晶说："晶晶，虽然妈妈的确了解布谷鸟，也会写观察日记，但我不能替你写这篇日记。因为这是你的作业，是你的事情和责任，你自己来完成，好吗？"晶晶只得同意。

星期天，妈妈带着晶晶来到郊外，让晶晶自己观察布谷鸟。晶晶观察得很仔细，很顺利地完成了观察日记，还得到了老师的表扬。从那以后，晶晶有了强烈的责任感，自己的事情坚持自己做，不再推给别人，大家都说她是个勇于承担的好孩子。

面对晶晶的不合理请求，她的妈妈没有选择简单地替他完成作业，而是带她到野外去观察，让她自己完成作业。这样做不仅培养了晶晶的责任意识，教会了她如何解决问题，还让她懂得了不轻易放弃的道理。

当孩子遇到问题时，很多妈妈为了减少麻烦，不让孩子受累，便出面替孩子完成任务，而不是教孩子如何解决问题。这样做也许使得孩子暂时轻松了，却不利于他们责任感的培养。渐渐地，孩子会对妈妈产生依赖心理，遇到挫折时不再坚持，做事也马马虎虎。久而久之，孩子就会变得没有责任感，不会对自己的行为负责。所以，当孩子遇到困难时，妈妈一定不能代劳，而要正确引导孩子，教孩子学会解决问题的方法，让孩子自己去完成任务，从而培养孩子做事有始有终的好习惯。

莛莛今年10岁了，最近正在学骑自行车。可是由于年龄小，平衡感不好，莛莛老是摔倒，学了很长时间都没学会。莛莛的妈妈既无奈又着急，看到孩子摔倒又心疼，却还是忍不住训斥了莛莛几句。莛莛因此越来越没信心，甚至想放弃不学。

当莛莛再次摔倒时，妈妈决定不再批评她，而是鼓励她。妈妈对莛莛说："莛莛，摔倒了没关系，刚学的时候都是这样的。慢慢来，你的平衡感会越来越好，很快就会学会的。"

听完妈妈的话，莛莛好像吃了一颗定心丸，她下决心要学会骑车。没多久，莛莛就掌握了技巧，学会了骑自行车。

遇到困难，事情总做不好时，孩子通常会没有自信，甚至想放弃，这时妈妈难免会有些焦急。然而，这时一定要控制情绪，以最有效、最正确的方式帮助孩子：表扬孩子做得好的地方，教孩子如何改善不足之处，鼓励孩子坚持下去。孩子得到鼓励，便拥有了坚持到底的勇气和自信，就更有可能把事情做好。同时，孩子的责任感也得到了培养。

6.限制太多，就是让孩子失去自己

妈妈溺爱孩子，不仅代替他做生活中的事，更代替他思考与作出选择。这样长期下去，孩子便会失去自主思考与自主选择的能力，最终抛弃自己的思想，用妈妈的思想填充自己的头脑。孩子就成了妈妈手里的一块柔软的橡皮泥，任其随心所欲地"捏"。妈妈本想塑造出成功的孩子，结果却造就了一个没有头脑、缺乏独立性格的人。

夏令营前一夜，妈妈把整理好的东西放在孩子床头，并对孩子说："孩子，你要带的东西，妈妈帮你整理好了，明天别忘记了啊。"

孩子外出玩耍刚回家，妈妈对孩子说："孩子，以后别总是和那些调皮的孩子一块玩，多和楼上的欣欣玩，人家学习多好，多向人家学习学习。"

超市里，妈妈拿过孩子手里的玩具，对孩子说："这个玩具不好，还是那个能增长智慧些。"

从这些场景当中，我们都可以看到，妈妈在限制孩子的行为和思维。孩子到底要什么、喜欢什么，妈妈并不知道，她们只是在按照自己的思维、经验、习惯来"帮助"孩子选择，强行告诉孩子这个不能做，那个不能拿，这个人不能交往，那个人有什么缺点。

在家庭教育中，听话的孩子比不听话的孩子更讨妈妈喜欢。但要求孩子"听话"，实际上会使孩子丧失独立的性格，变成一个没有责任感、不用头脑而且怯懦的人。

有一个心理学家做过一个分析和研究。他认为，当被问及"你要喝什么"时,回答"我想喝咖啡,不想喝红茶"比回答"什么都可以"的人在社会上更有作为。因为这样的人遇事有自己的主张而且敢于表达自己的主张。因此,妈妈要试着让孩子表达自己的想法。

独立的见解是孩子可以受用一生的宝贵财富。妈妈在家庭教育中可以给予孩子必要的建议和引导,但不要事事替他做主,应该尊重孩子的看法,鼓励他坚持自己的见解。

因此,在日常生活中,家长要做到一点:不要给孩子过多的限制。

(1) 让孩子自己决定吃什么。

很多妈妈担心孩子的健康,强行要求孩子今天吃什么、明天吃什么,即便其中的很多食物孩子并不喜欢。其实家长完全没有必要这样做,完全可以在不影响孩子饮食均衡的情况下让孩子自己选择吃什么。

(2) 让孩子决定自己穿什么。

妈妈在保证文明着装、安全的前提下,可以让孩子自己决定穿什么衣服,切忌随自己喜好而不顾孩子的感受。因为时代在变,妈妈的眼光和孩子的眼光是不同的,有时孩子会认为妈妈的眼光"太老土"了,跟不上时代了。所以,只要孩子不穿得奇形怪状,就让孩子自己选择吧。

(3) 让孩子自己决定玩什么。

不少孩子在玩游戏时,并不想让妈妈教他们游戏规则,更愿意自己决定游戏的方式,并体验其中的乐趣。妈妈让孩子自己选择玩具和玩的方法,可以极大满足孩子的自主意识,帮助孩子成为一个有主见的人。

(4) 询问孩子的想法。

任何一个人如果没有自己的想法,就等于是一个"没用的废人",一辈子都将在浑浑噩噩中度过。这是很可怕的事情,任何一个妈妈都不希望自己的孩子以后过这样的生活。想让孩子有自己的想法,妈妈就不能给孩子太多限制,要懂得询问孩子的想法。

(5) 让你的孩子参与进来。

孩子做事缺乏主见，没有自己的想法，通常与家长缺乏和孩子的沟通、做事武断、不注意尊重他们的要求有关。所以，要想解决这个问题，就要让你的孩子参与你所做的事情当中，咨询孩子的意见和建议，让孩子有充分表达自己愿望和独立思考的机会。

7.鼓励孩子自己去交友

一个人的个性是在特定的社会环境下，通过与他人的交往逐步形成的。人们兴趣的培养、情绪的控制和能力的发展，都离不开交往。交往使孩子有了更多的学习各种知识并获得社会经验的机会。哈里·哈洛博士曾通过实验证明：让孩子多与外界接触和交流，不但可以促进孩子的智能发展，同时也有利于培养他们的协调性和社会性。

限制孩子的交友权既会影响孩子的交往能力，不利于孩子良好意志品质的形成，也会使孩子长大后不能适应复杂的社会生活，产生自卑、抑郁、厌世等不良心理。

孙亮是一个性格内向、成绩优异的孩子，可他在学校里却喜欢独来独往，几乎没有什么朋友。

孙亮的这种情况与他妈妈的教育方式有着极大的关系。在孙亮还很小的时候，妈妈嫌外面空气污染严重，就很少抱孩子出门玩。即使抱着孙亮出门，妈妈也不太愿意让别人碰孩子，一怕孩子沾染上细菌，二怕孩子以后没有警惕性，被陌生人拐走。这样做的结果就是孙亮见到陌生人时常常会吓得大哭。到孙亮五六岁的时候,妈妈又怕孙亮跟着别的孩子学坏,除了上学外,回到家一般情况下都不让他出门去玩。

妈妈的做法使孙亮从小就养成了喜欢自己一个人玩的习惯,平时总是自己待在家里,很少出去。在幼儿园里虽然偶尔也愿意跟小朋友一起玩,但很快就会吵起来。上小学以后,孙亮对周围的环境极不适应,总是一个人坐在角落里发呆,不爱参加集体游戏,而同学们也觉得他是个"怪人",不愿与他亲近。

有的妈妈出于怕发生危险的心理,总喜欢把孩子关在家里,不让他们奔跑、爬高,过多地限制孩子与外界的接触;有的妈妈因自己的孩子体质差,经常生病,对孩子更是加倍保护、照顾;有的妈妈怕自己的孩子交上不三不四的朋友,索性不准孩子与他人来往,甚至把他禁闭在家。这种过分照顾、过分疼爱、过分保护的方式,剥夺了孩子与人交往的机会,完全隔断了孩子与外界的接触和交流,使孩子变得胆小、怯懦,依赖性强,对新环境难以适应,在与人交往方面表现得非常笨拙。对待孩子的交友问题,妈妈应该做的是引导、鼓励,而不是限制和打压。

妈妈需要明白的是,朋友是人生中极其重要的一笔财富。如果孩子没有朋友,那他的童年将过得极为孤独,这对孩子的身心健康非常不利。因此,妈妈不能剥夺孩子的交友权,而应鼓励孩子多与他人交往,培养孩子团结友爱、协作互助的良好习惯。必要的时候,妈妈还要善于为孩子的交友牵线搭桥。例如,可以把别的孩子请到家里来玩,然后发展到让他和别的孩子一起出去玩。除此之外,妈妈还应该尽可能为孩子打开生活空间,鼓励孩子参加集体活动,让孩子在了解他人的基础上了解自己,学会用集体交往的规则调节自己的言行,学会尊重他人、信任他人、谅解他人、乐于助人,学会调节集体和个人的关系。

第四章

善沟通的妈妈——这样说，孩子才肯听

你不会"自说自话"地对孩子喋喋不休，也不会用不正确的方式方法教育、引导孩子，你尊重孩子，用平等的对话造就他独立的人格。

1.你属于哪一类的 "唠叨型妈妈"?

身为妈妈,每天都可能有很多烦心事,最烦心的莫过于孩子的叛逆、不听话。殊不知,妈妈也有让孩子感到特别"头痛"的地方,那就是妈妈的唠叨。很多妈妈总在孩子身边唠叨个不停,这个怎么样,那个又如何……渐渐地,孩子从刚开始的不耐烦变为后来的厌烦,有时甚至会直接顶撞妈妈。

烦心的妈妈哪里会知道,孩子的不听话、逆反,正是自己没完没了的唠叨逼出来的!

听听吧,这些声音很多妈妈肯定再熟悉不过:

"妈妈,我求您别说了!您说了好多遍啦!"

"知道了,知道了!您有完没完啊,我耳朵听得起茧啦!真是烦死了!"

有资料显示,九成以上的孩子认为妈妈"太唠叨",以下是一些孩子倾吐的"苦水":

"我妈妈什么都好,就是太爱唠叨。她的唠叨说不准什么时候就会发作,而且一唠叨准没完,有时能够持续半个多小时,说来说去总是那么几句。我一直都生活在老妈的喋喋不休之中,真是怕了她这位'唠叨女侠'了,我一直认为,凭她那张嘴去参加武林大会一定是天下第一。"

"妈妈对我的学习很重视,没事就叫我好好学习,总说什么学海无涯苦作舟,要头悬梁锥刺骨,要有时间的紧迫感不能放松自己,去学校要认真读书不要贪玩,学习一定要尽最大最大的努力,最近成绩退步了,学习不好就上不了重点高中,看看人家某某某学习多好,你一定要考上一个大学为我们争口气……我妈天天这样唠叨，也不管我爱不爱听，我本来还有些决心和抱负，心情也不错，结果被她这么一唠叨，连学习的兴趣都没了。"

"每天放学一回到家里，妈妈就开始唠叨：快去做作业吧！今天有多少功课要做？语文作业是什么？数学作业是什么？当我拿出作业本时，妈妈又会千叮咛万嘱咐：把字写工整了，把头抬高点，腰挺直了，把窗帘拉开，小心眼睛。作业写到中间时，妈妈还忘不了时时干扰：现在做完几样了？抄错题了没有？题目做对了没有？抓紧时间，不要磨蹭！妈妈，您整天这样在旁边吵吵闹闹，我怎么能安静下来做功课呢？"

"妈妈的唠叨是我生活中的一项重要内容，大到做事做人，小到生活起居，她总是对我唠叨个没完。早上一起床就开始唠叨：快点，快点起床！动作要快，不然要迟到了！在餐桌上，她的唠叨也从来不停：要细嚼慢咽不能狼吞虎咽，维生素对智力发育有益，一定要多吃些菜，掉在桌上的饭粒要捡起来！背起书包去上学，她又开始唠叨：骑车要小心，要注意红绿灯，小心不要撞到别人！就是外出春游，妈妈也忘不了唠叨：带水了没有？吃的东西够不够？路上注意安全，不要到处乱跑。本来挺高兴的心情，都被她的唠叨给破坏掉了。"

"我有的时候会上上网，可爸妈整天在我跟前唠叨网瘾的事，我觉得很烦，因为我相信自己并没有多少网瘾，上网也只是和同学们聊聊天，放松一下，可他们却总是教训我说：又上QQ了？真想不通你怎么就爱搞这些乱七八糟的东西，什么QQ？既耗时又无聊，去网上找点资料不是挺好吗？听英语也可以啊，快把那QQ给关了。如此不能理解我，有时我真的想永远离开这个家！"

"人人都有妈妈，但我觉得我的妈妈特别烦人，整天唠叨个没完，一丁点事她就可以唠叨上半天，像磨豆腐一样没完没了。她的话虽多，但讲不到点子上，天天老一套，听起来既单调又乏味，我早就听腻了，听得耳朵都长茧子了。"

……

　　妈妈看到孩子这些心里话，也许会感到委屈：我们唠叨，不都是为了孩子好吗？不正是爱他们的表现吗？他们为什么不能理解呢？

　　确实，没有哪个妈妈不爱自己的孩子，但妈妈用唠叨来表示爱，效果会怎样呢？你唠叨得越多越久，孩子就会越烦。

　　一个让孩子产生"烦死了"念头的妈妈，教子话术显然需要提高。妈妈要把话说到孩子心里去，不能靠一次又一次的重复、没完没了的唠叨来让孩子记住。俗话说："好话不说两遍。"说十次不一定比说一次有效。妈妈要让孩子听话，首先必须改变唠叨的习惯，掌握用一两句话就能打动孩子的说话艺术。

　　妈妈唠叨的原因不在孩子身上，而在自身。妈妈要想改掉唠叨的坏习惯，就要勇于反思，从自身找原因。

　　大致而言，妈妈的思想、性格、观念和教养方式等有误，会导致对孩子唠叨。

　　思想上，妈妈对孩子寄予厚望，有的妈妈甚至将自己当年未实现的理想也寄托到孩子身上，想让孩子去实现自己没有实现的理想。这样简单的理想"位移"，十有八九会让孩子背负上无形的压力。孩子如果能实现妈妈的"理想"，那当然是皆大欢喜，而一旦妈妈发现孩子没有按照自己预期的步骤去做，便会为了加强"督促"，不自觉地开始"强化教育"——唠叨。

　　据心理学研究分析，性格软弱和紧张型的妈妈比较容易唠叨。唠叨是不相信自己的表现，因为不放心，所以要一次次地重复，就像有人出门的时候，不相信自己已经关好了门，还要重复去看一次一样。软弱和紧张型的妈妈不相信别人已听见自己的话，当然也不相信孩子会照着自己的话去做，所以要重复，要唠叨。

观念上，随着孩子渐渐长大，接触的事物越来越多，对事物逐渐产生自己的看法和独立思考的能力。而妈妈这一代跟子女成长的时代不同，接触的事物也有很大的差异。有些妈妈不能正视这一点，以老观点、老办法看问题，把自己奉行的观点反复强加到孩子身上，而不从子女的角度去思考，更不了解子女在想什么，这样就难免会产生冲突。

教养方式上，一些妈妈骄纵、溺爱孩子，养成了孩子骄横、任性、贪图享乐的习惯和唯我独尊的心理，这样的孩子自然不会乖乖听话。有的妈妈明显感到言语教育不起效果，又没找到其他的好办法，于是错误地认为，遇到孩子不听话，一次不听，就说两次，两次不听，就说三次，三次不听就说五次，直至八次、十次，只要自己多说几次，他们总会听进去。

不同的妈妈，唠叨的原因可能各有不同，但总体上可以分为以下几类。

（1）关心呵护式唠叨。

这是一种无意识的爱孩子的本能。妈妈认为孩子还小，自控力差，做事常常顾此失彼、丢三落四，所以需要大人不断提醒，以至于对孩子照顾得无微不至，事无巨细都会叮嘱又叮嘱：出门要多穿衣服；晚上睡觉要盖好被子；吃饭时不要看电视；放学了不要在学校逗留，早些回来……这类妈妈把孩子当成永远长不大的小不点，对孩子事事不放心，不敢放手让他去经历风雨，不放心他独立做事。唠叨的结果是：孩子产生了依赖心理——反正有人提醒我，因而变得懒惰、散漫，没有责任感，培养独立生活能力成了一句空话。

（2）催促命令式唠叨。

有的孩子性格活泼，顽皮贪玩，在妈妈眼里是"不听话"、不自觉、不好管教的孩子。妈妈认为他需要有人催促，像皮球一样，踢一下才动一下。于是，"该做作业啦""到睡觉时间了，该上床啦""不要在外面玩得太久，七点前要回家"的命令声在孩子耳边定时响起。当然，对于还没有养成良好作息习惯的孩子来说，适当的催促是应该的；但如果催促过多过量，孩子就算听从你的话，也会在内心对你产生抵触或怨恨情绪，使亲子关系变得疏远。

（3）习惯批评式唠叨。

有些母亲习惯了对家庭成员比如对丈夫唠叨不停，自然也会以同样的方式对待孩子。这也和妈妈的性格有关，有些妈妈属于那种喜欢说个不停的人，似乎一天不唠叨就不舒服。这类妈妈会把唠叨挂在嘴边，怕孩子不上进，怕孩子会再犯错。但后果是，孩子在心理上与你的距离越来越远，因为没有孩子喜欢听你不断地批评和指责。

（4）发泄不满式唠叨。

工作上的压力，生活中的不愉快，人际关系的紧张，家庭的不和睦，对孩子的期望值太高，等等，都会影响到妈妈的情绪，而妈妈的情绪又会直接影响到孩子。经常看到这样的家长，孩子考试没考好，就对孩子大发脾气："你看你，怎么就这么笨！人家某某都比你考得好！怎么就这么不争气！气死我了！""你怎么就这么没出息呢，长大了去扫厕所算了！"这类妈妈实际上是在发泄自己的情绪，孩子成了他们的出气筒。他们根本不懂体谅孩子的心情，不知道要考虑孩子的心理承受力，最后受伤的只能是孩子。

你唠叨的原因是什么？你属于哪一类"唠叨型妈妈"？反躬自省一下，是大有益处的，因为这有利于你自觉地改掉唠叨的毛病，成为会说话的妈妈，成为受孩子欢迎和尊敬的妈妈。

2.开口之前，请先换位思考

许多父母在教育孩子的过程中，都有一种自我中心倾向——在教育孩子时，妈妈完全从自己的角度、以自己的经验去认识和解决问题，而忽视了别人特别是孩子对同一问题的态度和看法，似乎自己的认识和方法才是最正确的。这类妈妈在开口训导孩子前，已经先入为主、成竹在胸了，孩子情愿接受最好，不情愿也得接受。

对少数妈妈来说，自我中心倾向是其个性特征的一种反映。也就是说，这部分妈妈从年幼时起就形成了一种"自我中心"的定式，认识、解决问题一贯地不太考虑他人的态度和方法。在对待孩子时，这种定式不但表现了出来，而且更为强化。也有少部分妈妈，头脑中的"封建家长制"比较严重，在她们看来，妈妈在孩子面前就是绝对权威。

自我中心倾向严重的妈妈，总是认为"孩子是我的，怎样教育、培养都由我说了算"，于是对孩子学习、生活中的各项具体事情都以"我"的主意、"我"的办法为标准，别人（也包括孩子自己）不能发表不同意见。这类妈妈忘记了一个重要规律：外因是变化的条件，内因是变化的依据。内因在孩子身上，孩子的积极性不调动起来，光妈妈"一头热"，即使磨破嘴唇，也未必能收到好的教育效果。

自我中心倾向严重的妈妈，在跟孩子开口说话和沟通前，应该进行一番换位思考。

换位思考是指认同他人的情感、思想或态度的能力，或替代性地体验他人的情感、思想或态度的能力。与孩子换位思考，就是站在孩子的角度去思考。这需要妈妈理解和体会孩子的想法，但要做到这一点并不容易。很多家长对孩子早已形成自己的看法和结论，很少留意孩子是怎么想的。

　　一位妈妈给在美国宾州大学医学院攻读医学和理学双博士学位的女儿的一封信中写道："总结我几十年的人生哲理，'假如我是他'是一种很好的自我学习和锻炼的方式。你可以用这种方式试试当教授、当校长，还可以试试当议员、当总统。这是你的自由和权利，也是自我培养、自我提高的有效手段。"

　　这位妈妈的女儿在美国求学多年，处事方式西方化，但思维方式从小受妈妈的影响，颇具东方色彩。她对记者说："吃什么，穿什么，今天冷不冷，要不要添衣服，我从小就懂，爸妈不用操心，也不用唠叨。但遇大事情，例如读什么学校，选什么专业，我会主动找妈妈商量，听她的意见。"

　　她在美国攻读博士学位期间，突发"奇想"：休学两年，回国内乐坛发展。面对这种情况，国内大多数妈妈或许会强行干涉，竭力阻止，可这位妈妈却始终以"假如我是他"的哲理来处理，她认为女儿会半夜起来作曲，说明她有艺术灵感，有艺术创作冲动，作为妈妈不该强行干涉，扑灭她的创作"火花"。

　　中国封建的"家长意志"会抹杀孩子的创造精神，不自觉地将儿女引入"歧途"，断送前程。因此，这位妈妈平时从不强求女儿去做什么、想什么，只是根据自己成长的经验给她一些指导，她他很尊重女儿的选择。事实证明，艺术与科学是相互沟通、相得益彰的。这两年，女儿在国内成功地举办了多场个人演唱会，录制了歌曲专辑，拍过音乐电视，还先后两次荣获过中央电视台MTV大赛特别荣誉奖……

　　可以说，正是"假如我是他"的换位思考，使这位妈妈将女儿推上了成功的舞台。

以下几个问题有助于家长进行换位思考。

(1) 我的说话方式和行为方式能让孩子接受吗？他们会听我的话，接受我的指导吗？

(2) 我希望别人用我对孩子说话的方式对我说话吗？

(3) 孩子对我为他们所做的选择会有什么想法？

比如，有一天，你的儿子把收音机拆成了一堆零件，而拆完之后，他无法将它们重新装回去。此时，你可能不但不会帮助儿子，还会嘲弄他。其实，假如妈妈能作一番换位思考："如果我在某件事上遇到了困难，我乐意听到别人的责骂和贬损吗？那对我有帮助吗？"这样一想，你就不会贬损儿子了。

所有的家长都希望自己的孩子听话。但是，尽管绝大多数家长在教育孩子的过程中将他的目的表达得很明确，但由于没有考虑孩子的想法，所以他们的目的总是很难达到。实际上，无论是孩子、配偶、同事，还是邻居，如果我们不能将心比心，就不可能达到预期的结果。

在心理学界，换位思考已成为衡量"情商"高低的一个重要指标，具备换位思考能力的人容易与人交流。家长对换位思考的实践和示范能为培养孩子的许多技能奠定基础，这些技能对其将来建立令人满意的人际关系很有帮助。这些技能包括：正确理解社交暗示，轻松有效地与他人对话，主动倾听，鼓励和支持他人，有效解决分歧与争执，等等。家长每一次换位思考，都是对孩子的良好示范，都是在给孩子今后成功地处理人际关系播下健康的种子。

"知己知彼，百战不殆"，妈妈开口之前，主动进行换位思考，有助于全面了解自己的孩子，这样就不会"自说自话"地对孩子喋喋不休，也不会再用不正确的方式方法教育引导孩子。父母换位思考，有助于营造出和谐、融洽的交流氛围，使孩子更加理解父母，信任父母，愉快地接受父母的教导。

3.就事论事，切勿借题发挥

妈妈要就某一问题批评孩子时，一定要就事论事，有什么问题谈什么问题，干净利索，切勿借题发挥，把问题扩大化，甚至揪住历史问题不放。

有些妈妈在气头上就容易联想，喜欢把孩子过去的老底都翻出来，絮絮叨叨，没完没了，这样做只会加大解决问题的难度，增加孩子的反感。

以下是一对母子的谈话：

"你到哪里去？"

"和朋友出去。"

"到底和谁去？"

"初中的老同学、王姨家的巍巍、八楼的德胜和后街的顺子。"

"顺子？是不是在毕业前出事的那个顺子？"

"老妈记性真好。"

"我告诉过你，不要和顺子来往。那孩子太捣蛋了，差一点被开除。上次你们几个就是因为他，差点闯大祸。你们这次去哪里？"

"我们去商场。"

"不买不卖，到商场干什么？"

"不干什么，就是逛逛。"

"简直是浪费时间！年轻人不在家好好学习，到处闲逛，再加上那个顺子，不出事才怪！你功课做完了没有？上次考成那个样子，还好意思出去闲逛。"

"老妈，你有完没完？您想象力真丰富，不就是出去玩吗？你烦不烦？"

"你听着，给我说话放尊重点。老老实实早点回来，要不然有你好看。"

这样的对话可能在很多妈妈和孩子身上都发生过。在有些妈妈看来，这也许正是个批评教育孩子的好机会。可这样的教育效果会好吗？正如对话中的儿子所说的，不就是出去逛逛吗？本来是件小事，却被妈妈上纲上线，弄得这么复杂。复杂化的主要原因是妈妈没有做到就事论事。如果妈妈意识到无限的引申会影响到母子之间的关系，她肯定会控制自己的联想力。

有的妈妈有个习惯，一旦孩子犯了错误，她们就会把前几个小时、前几天甚至是前几个月的错事都搬出来："你说你这孩子，上个星期上课不好好听讲，挨了老师批评，昨天作业错得一塌糊涂，今天作业还没做完就开始看电视……"很多妈妈惩罚训教孩子时总忘不了东扯西拉，说出孩子的种种不是，直至完全忘记本次教训的主题。

孩子会怎么想呢？反正自己没有一处是对的，以前取得的成绩、改正的缺点妈妈都看不到，自己天生就是挨训该罚的料（有的甚至认为妈妈是在找碴儿整他），于是，渐渐对改错失去信心，破罐子破摔，我行我素，这样的教育效果可想而知。所以，妈妈教训惩罚孩子时，务必就事论事，切勿搞牵连、翻旧账。

4.把争辩的权利还给孩子

妈妈在说服教育子女的时候，常常会遭到子女回嘴、反驳、顶撞。面对孩子的争辩，做妈妈的该如何处置呢？

由于受几千年传统观念的影响，中国妈妈觉得孩子小，见识少，阅历浅，不成熟，所以形成了"妈妈说话，小孩子听"的习惯。很多妈妈不允许孩子和自己争辩，奉行"妈妈之命"的教义，孩子只能对妈妈的话"言听计从"，否则就认为孩子不守本分，有失妈妈的威信。

这其实是一种极不平等的观念，不但不利于和谐的亲子关系的建立，也不利于孩子心智的发展。

许多实践说明，妈妈平等地对待孩子，允许孩子争辩，孩子往往会讲出一通令妈妈受益的道理来。

某妈妈一直希望儿子拿一次"三好学生"的奖状，可儿子一次也没拿过。当儿子取回成绩报告单交给她时，她一看成绩很好，老师评语也不错，就是上课做小动作的缺点老不改，于是很生气，数落了儿子一通，指责他有缺点不改。儿子听了，坐在沙发上哭了起来。

过了一会儿，儿子让奶奶送本书给妈妈看，书中讲有两个小组参加竞赛，预赛时，甲组有位同学出了差错，大家都批评他，那位同学很紧张，导致在决赛中出错，甲组因此失利；乙组预赛时也有位同学出了差错，可大家都鼓励他，结果决赛时那位同学没出过错，帮助乙组赢得了竞赛的胜利。

妈妈看完这本书，心中不免吃惊：儿子长大了，这不是在教育我该怎么做嘛！于是，她来到儿子身旁问儿子还有什么话要说，儿子说了一句："我们班里的三好学生，他们的父母都是五好家长。"这下，妈妈听懂了，从此用关心代替指责，身教重于言教。第二年，儿子终于捧回了"三好学生"的奖状。

明智的妈妈会尊重孩子，给孩子争辩的权利，认真地倾听孩子的申辩。

从孩子的争辩中，妈妈可以了解其发生某种错误行为的背景、条件以及心理动机等，因势利导地进行教育。如果孩子的申辩是对的，妈妈就应尊重孩子的意见；如果孩子的申辩是错误的，妈妈也应该摆事实、讲道理，以理服人，以情动人，使孩子心悦诚服。

让孩子争辩，也是为妈妈立一面镜子，妈妈可以通过听取子女的争辩检验自己的教育方法是否得当，说得是否在理，发现不妥之处可以及时调整。

心理学家经过调查研究得出了这样的结论：在反抗期，能同妈妈进行真正争辩的孩子，将来会比较自信，也富有创造力。

心理学家认为，孩子和妈妈争辩，是他们语言能力进步和参与意识觉醒的表现。在争论时，孩子必须根据自己对环境的观察分析，选择并运用学到的语汇和表达方式，有条理地表达自己的欲望、观点，挑战妈妈，这将大大刺激孩子语言能力的发展。而且，通过争辩，孩子可以学到争论、辩论的逻辑技巧，这对孩子日后思维的发展是有利的。

心理学家还认为，争执能帮助孩子变得自信和独立。在争辩中，孩子会感觉自己受到重视，知道应该怎样表达才能实现自己的意志。争执也意味着孩子自我意识的觉悟，表明他正在尝试着走自己的路。孩子在与妈妈争辩后会发现，妈妈并非总是正确的，辩论的胜利无疑能使孩子获得一种成就感，既让孩子有估量自己能力的机会，也能锻炼他们的意志力。允许孩子争辩，可以培养孩子的抗争能力，有利于他在前进的道路上树立起敢于拼搏、敢于斗争的精神。

因此,明智的妈妈通常不会把自己的意志简单地强加在孩子身上,而是尊重孩子争辩的权利,为孩子的争辩创造一种宽松、平等的氛围。

尊重孩子争辩的权利,这对许多妈妈来说并不容易,她们在教育子女的时候,往往只能我说你听,哪容子女争辩?所以,给子女争辩的权利需要妈妈克服自以为是、唯我是从、只准说是、不准说不的单向说教的思维定式,代之以尊重孩子、鼓励争辩、勇于承认错误、善于双向交流的思维方式,改变轻则呵斥、重则棍棒的粗暴行为,养成重平等、讲民主、以理服人的良好家教习惯。

5. "蹲下来" 和孩子说话

有的妈妈想了解孩子,或者想知道孩子最近学习如何,就会以一种命令的口气说:"儿子过来,给妈妈说说你最近表现怎么样。""儿子,过来给妈妈汇报汇报!"完全是一种高高在上的口气和做派。孩子这时心里会想:"妈妈又要挑我的刺了。""老师批评我的事情可不能让她知道。"于是,家长想听到的没听到,孩子想说的没说出口,交流进入一个恶性循环的"怪圈"。

很多家长在潜意识中放不下家长的架子,"我是你的妈妈,我不管你谁管你""我过的桥比你走的路还多"等传统观念还残留在家长的头脑中。有的家长认为,十来岁的孩子什么都不懂,我是大人,是他的长辈,怎么可能平等呢?我说他就得听,我要求他就得做。

孩子在大人面前没有平等对话的机会，总是被动地接受妈妈的管束，有话不能说，有意见不敢提，久而久之，孩子即便有想法，也不敢、不愿与妈妈交流。

为什么家长与孩子不能像朋友一样平等相处、互尊互爱呢？为什么大人不能与孩子"一般见识"呢？这是因为有些家长为孩子尽义务的思想太少，而权利思想太多。鲁迅说："对于子女，义务思想须加多，而权利思想却大可切实核减，以准备改作幼者本位的道德。长者须是指导者、协商者，却不该是命令者。"

美国家庭教育专家史蒂文说："成功的家庭教育是家长舍得拿出时间与孩子在一起，以一种平等的态度与孩子交流，对孩子正确的想法和行为给予充分的肯定。"

一位美国母亲开车带着两个儿子出去。路上，妈妈一直在与大儿子说话，无意中发现小儿子在气呼呼地用脚踏前面的座位，便急忙停止了与大儿子的对话，转过头来问小儿子怎么了。

"你只顾和哥哥说话，为什么就不理我呢？"

妈妈连忙道歉："哦，孩子，对不起，因为哥哥要去参加比赛，所以妈妈就多叮嘱了他两句。好了，现在与哥哥的谈话告一段落，告诉妈妈你想说些什么？"

"妈妈，我想听儿童歌曲。"

"好的，妈妈放给你听。"

"妈妈，您真好。"

"好听吗？"

"嗯，这个小孩唱得真好，我长大了也要学唱歌。"

"好的，儿子，只要你努力，一定也会唱得很棒的！"

"妈妈，我们过会儿吃什么？"

"你想吃什么呢?"

"嗯，让我想想，我想要一个汉堡、一杯果汁，再要一个鸡腿。"

"好的。看，前面不远处就有一家汉堡店，我们过会儿去那里买。"

"好的，谢谢妈妈。"

孩子是一个独立的个体，有自己的权利，有自己的尊严，作为妈妈，不管是说话还是做事，都要听听孩子的意见，站在与孩子平等的位置上与孩子对话。

那么，应该如何与孩子进行平等的交流与对话呢?

在教育孩子时，有些妈妈早已习惯站着说话，对孩子发号施令，把自己的思维和主观愿望强加到孩子身上，而很少考虑到孩子内心的想法。当自己的愿望与孩子的想法产生碰撞时，妈妈会对孩子大失所望，然后强制孩子按自己的意愿行事，根本不会考虑孩子的感受。

如果妈妈"蹲下来"，蹲到和孩子一般高时再开口说话，情况又会怎样呢?

无数事实表明，妈妈以居高临下的姿态来关心孩子，反而会使孩子产生逆反心理。只有妈妈转变姿态，像对待朋友那样去关爱孩子，才有可能让孩子感受到平等。

一天，刘芳接到学校老师的电话，说儿子在学校和人打架，被扣在了学校，让家长到学校领人。刘芳听完电话后，当即火冒三丈，决定这次一定要狠狠教训这个调皮鬼一番。

在去学校的路上，刘芳忽然产生了一个想法:如果我打儿子一顿，难道就真的能收到预想的教育效果，保证儿子以后不再打架了吗?因为有了这样的念头，所以在学校见到儿子之后，刘芳并没有立刻发作，而是平静地将儿子带回了家。

回家之后，刘芳也没有发作，而是耐心地帮儿子在伤口上贴上创可贴，并且下厨为儿子做了可口的饭菜。当儿子一口口吃着饭菜时，刘芳才开口述说自己是如何担心儿子，如何盼望儿子能早点回家。听着听着，儿子的声音哽咽了，哭着扑进刘芳怀里，说自己错了，对不起妈妈，以后再也不打架了，再也不让妈妈担心了。

听了儿子的承诺，刘芳欣慰地笑了。

刘芳从孩子的角度出发看待孩子的过失，使孩子感受到母亲对他人格的尊重，感受到他与母亲在地位上的平等。在现实生活中，许多妈妈都喜欢用成人的思维方式来看待孩子的行为，孩子稍有失误，就对孩子进行指责和批评，这是不正确的。

孩子本身就是一个独立的个体，有自己的思想、人格和尊严，他们希望妈妈能够给予他们尊重和平等。"蹲下来"和孩子说话，是增强孩子独立意识的有效方式。至少，孩子肯定会认真地听你说话，这一点非常重要。倘若你在说话，而他心不在焉，那么你说得再多，道理再正确，又有什么用呢？

"蹲下来"吧，只有"蹲下来"，不再居高临下，与孩子完全处于平等的地位，孩子才会把他的真实想法告诉你——这就是孩子喜欢把心里话对自己的朋友说，却不愿与父母说的原因。"蹲下来"，这一步很关键，因为不管孩子的想法是否正确、有无道理，只有在了解了孩子的真实想法之后，你才可能有的放矢地教育孩子。

妈妈如果真心实意地愿意以平等、尊重的态度同孩子进行沟通和交流，有没有什么捷径或者最佳方式呢？以下是一些教育专家的意见，不妨参考一下。

（1）忌用过激的语言。

好的思想要用好的语言来表达。妈妈的感情和孩子的幸福紧密相连，没有哪位妈妈在任何时候都沉得住气，但是请记住，越是激动的时候，越有可能把不该说的话说出来。

（2）跟孩子说话不宜啰唆。

有些妈妈费尽心力地教育孩子，效果却并不理想。从表面上看，她们是在与孩子公开交谈，殊不知，她们的某些话恰恰堵住了孩子的嘴巴和耳朵。最常见的弊病就是某些妈妈教条似的长篇独白，一开始就是："当我和你一样年纪的时候……"绝大多数孩子都不喜欢这种说教式的谈话。

（3）语言一定要发自真心。

凡是关系融洽的家庭，家人之间交谈时，语言都充满了爱心和亲切感，态度和蔼。而那种直来直去、不讲究方式的语言，用意虽好，却会得到相反的效果。具体的语言方式，要因人而异。

（4）尊重孩子的个人意见。

在讨论一般的普通家事时，不妨让孩子"参政"一下。不管最后是否采纳了他的意见，至少要让他感受到自己在家庭中的重要性，是家庭一员。如此，他们也会发自内心地尊重长辈。

"蹲下来"说话，不仅仅是一种行为的表现，更是一种教育观的体现。只有怀着崇高的责任心和热切的期望，妈妈才能"蹲下来"；只有把孩子看作平等的个体，妈妈才能"蹲下来"。

只有"蹲下来"，妈妈才能平视孩子，才能获得和孩子真正平等交流的机会，才能真正明白孩子心中所想以及他们行为的真正动机。

6.态度不对，所有说教都是白费

在孩子身上，妈妈最希望看到的是成长与进步；从妈妈那里，孩子最希望得到的是赞赏和鼓励。不明智的妈妈对孩子一句公开的嘲笑或讽刺，就可能使孩子失去自信。因为，没有什么比妈妈的嘲笑或讽刺更能打击孩子的自尊。

李杰是一个事事追求完美的孩子，每做一门作业，他都希望能做到最好，因此，每天放学后，他总是有做不完的作业。

李杰因为力求完美，花在做作业上的时间过多，导致晚上睡得很迟。睡眠不足，上课时便无法集中精神，如此恶性循环，李杰的成绩越来越差。

而李杰的弟弟、妹妹却聪明伶俐，相比之下，李杰便成了父母心目中的笨孩子。

李杰的妈妈经常在亲友和邻居面前公开嘲笑他："瞧你那副蠢样子！你真是一头笨驴。"久而久之，"笨驴"便成为父母、邻居和同学嘲笑的对象，李杰心目中亦觉得自己很笨、没有用处，原本不大理想的成绩更是低落，直到15岁才勉强完成小学课程。

李杰自知无法升读中学，也相信自己比别人笨，便没有继续读书，而是出来找了份工作。由于李杰没有自信，每份工作都做得不好，经常被老板开除。

从以上这则事例中，足可见妈妈如果经常嘲笑和讽刺孩子，对于孩子的负面影响是何其深远！

每个孩子都有他的优点，也有其弱点，当弱点显现，导致他在某件事上失败时，有些妈妈就会采取嘲笑和轻蔑的态度去数落、贬低孩子。

妈妈的用意可能是想刺激孩子的进取心，使他再次振作起来，可这样做不但无法刺激孩子改过，还会导致不良的结果。

孩子连连挫败，已经非常失望了，此时，妈妈不但不加以鼓励，反而一再数落他、讥笑他、贬低他，这样只会使孩子更加失去信心、继续失败，完全陷入绝望的境地中。

经常遭受妈妈嘲讽的孩子，有一些长大后会变得畏首畏尾，没有自信，甚至有些孩子会对妈妈产生怨恨而耿耿于怀，等到长大后再找机会报复。

一个习惯以讽刺的态度批评孩子的妈妈，孩子是不会真心尊敬她的。

项娇长得很娇小，同学都拿她当小妹妹疼爱，事事迁就她。大家都说，看到项娇的模样，就忍不住要怜爱她。

一天，项娇想和伙伴们去郊外露营。妈妈同意了，并嘱咐她："要和同学们相互照应，自己的事情自己完成，不要总让大家帮忙，这是锻炼你的时候。"项娇笑眯眯地回答道："我知道了，我不会成为大伙的累赘的。"

活动一开始，项娇就对大家宣布，不要帮助自己，她能自己把事情干好。话虽这样说，但项娇还是没少让大家操心。她的行李大部分都由男生拿着，过草地时，项娇总是担心有蛇，总要一个人紧紧地拽着她的手。项娇最害怕的是夜晚，她觉得郊外的夜晚很恐怖，一个晚上没敢合眼，惊恐地睁着眼睛到天明。

第二天，项娇回到家。妈妈看着她发黑的眼圈，询问道："怎么就这么一天，眼睛就凹下去了，你没睡好觉吗？"

项娇抱怨道："郊外的夜晚好可怕，都是猫头鹰的叫声，我根本不敢睡觉，所以……"

妈妈问道："那其他同学也是这样吗？"

项娇摇摇头："不是呀，大家都睡得可香了。"

妈妈笑了笑，说道："看吧，就你一个人是这样。你真是个胆小鬼，什么事情都害怕，唉！"

妈妈的话语让项娇感到很难过，她想：在同学们的心目中，自己是不是也是一个胆小鬼呢？

妈妈的一句话让项娇陷入了"我就是胆小鬼"的自卑中。

其实，造成孩子胆小怯懦的原因是多方面的，主要是环境与教育的影响。例如：妈妈过度地限制孩子的活动，不准孩子单独外出；妈妈过分地娇惯孩子，事事包办……归根结底，还是妈妈教育的问题，不能责怪孩子胆小。若妈妈张口闭口"胆小鬼"，只会强化孩子的胆怯意识，使孩子变得越来越胆小。

许多妈妈为纠正孩子的缺点，总是情绪激昂、没完没了地责备孩子。有的妈妈说，最初，她们"因不责备就不改"而责备孩子，后来因孩子"即使责备也不改"而苦恼，最后又因孩子"不可救药"而放弃不管。

一味地责备，不用说孩子，就连大人也会失去信心。这样下去，只能培养出因设法保护自己而产生反抗心理的孩子。

讽刺，会伤害孩子的自尊；讥嘲，会打击孩子的信心。作为合格的妈妈，给予孩子的应该是赞赏，因为只有赞赏才能让孩子树立人生的自信；作为成功的家长，给予孩子的应该是鼓励，因为只有鼓励才能让孩子释放出生命的潜能。

7.让孩子感觉到"你在听"

生活中，很多妈妈都会犯下同样的错误：当知道孩子遇到问题的时候，有些妈妈不是说："怎么回事？"就是说："你怎么搞的？"接着就会给孩子提出一大堆建议。

其实，作为成年人，有时候也会遇到一些事情。在情绪比较激动、生气的时候，如果有人给你提建议，你是很难听进去的，即使这个建议很好。这个道理对孩子也同样适用。只有当孩子安静下来、情绪平静的时候，那些好的建议才能被听进去。

在孩子叙述事情的时候，如果妈妈能够给予及时的"嗯""啊"等简单的回应，会让孩子在不知不觉中找到问题的根源，进而想出解决问题的办法。

孩子们心情不好的时候，思考问题的思路一般都不是很清晰，如果再对他进行狂轰滥炸，他就更没有耐心去思考了。这时候，就需要学会用"嗯""啊"等简短的语言来回应孩子的感受。

家长甲：

放学回到家里之后，赵明满脸的不高兴，对妈妈说："有人偷了我的作业本。"

妈妈听了儿子的述说，问："你确认不是自己弄丢的，是别人偷的吗？"

赵明回答说："是啊，我去洗手间的时候，作业本还在桌子上，等我回来以后就不见了。"

妈妈说："你怎么一点记性都没有？我早就跟你说过，要将自己的东西收好，怎么又把东西给弄丢了！"

家长乙：

放学回到家里之后，田晓曦满脸的不高兴，对妈妈说："妈妈，今天我的笔记本被别人偷走了。"

妈妈听了，淡淡地说："嗯？"

田晓曦接着说："课间，我去了一趟洗手间。当我回来的时候，放在课桌上笔记本就没有了。"

"哦，是这样啊。"

"我已经吸取教训了，下次离开座位的时候，我一定把东西收好，这样我就不会再丢了。"

比较上面两位家长的反应，可以肯定的是，家长乙能得到想要的结果。不可否认，家长乙是明智的！如果像家长甲那样，只是一味地长篇大论，除了让自己生气，让孩子沮丧，没有任何好的效果。

每个人都希望获得别人的尊重，受到别人的重视。当你专心致志地听对方讲话，甚至是全神贯注地听时，对方一定会有一种被尊重和重视的感觉，双方之间的距离必然会拉近。所以说，倾听是一种礼貌，是对讲话者的尊敬，更是对讲话者最高的赞美，它能使对方在最短的时间内喜欢你、信赖你。对孩子来说，妈妈的认真倾听就是最好的爱护。

双休日，爸爸妈妈陪伴5岁的儿子去郊游，玩到中途的时候，妈妈口渴难忍，便对儿子说："儿子，把你背包里的苹果拿出来给我解解渴，好不好？"儿子毫不犹豫地拿出了3个苹果，但让妈妈没想到的是，儿子居然挨个儿咬了一小口。

见状，爸爸很生气，正想严厉训斥儿子一通，妈妈耐着性子对儿子说："好孩子要懂礼貌，你这样做好吗？"儿子奶声奶气地说："我想先尝尝，把最甜的留给爸爸妈妈。"妈妈听后心头一震，不禁为儿子精彩的回答而自豪，同时也暗暗庆幸自己没有随意打断孩子的话而冤枉孩子。

有时候，孩子的思维方式与大人的思维方式是不同的。如果妈妈不让孩子把话说完，随意打断孩子的话，不仅不利于孩子表达能力的提高，久而久之，还会使孩子产生自卑情绪。因为，孩子在对妈妈诉说内心感受的同时也可以提高表达能力、交往能力，如果妈妈剥夺了孩子的表达机会，孩子就会产生语言表达能力、交往能力上的障碍，容易出现自卑情绪；另外，妈妈不能认真倾听孩子说话或和孩子缺少沟通，会使彼此间缺乏信任，导致代沟产生，甚至产生敌对情绪，这对孩子的成长非常不利。

有一天，翔宇的妈妈接到老师打来的电话，要她去学校一趟。等她赶过去时，看见翔宇正低头站在教室门口。

老师生气地说："上课时翔宇影响同学听课，我说了他很多次，但他都不听，所以让他出来冷静冷静。"

翔宇妈妈心想：儿子一向很乖，今天怎么会对老师做出这么反叛的事？尽管有些疑惑，但她还是笑着对老师说："不好意思，给您添麻烦了。"这时，旁边的翔宇听了这话，似乎显得不高兴，他狠狠地推了妈妈一下，然后大步走掉了。

翔宇妈妈与老师道了别，然后追了出去。她见翔宇快速地向前走着，眼睛红红的，便温柔地问："翔宇，刚才为什么要推妈妈？"翔宇嘴唇动了动，但没有说话，眼泪却流了下来。妈妈挽住翔宇的胳膊，说："儿子真是长大了，你看，你现在的个子都超过妈妈了，是个大男孩啦！刚才推妈妈那一下，还真有劲儿啊！"

翔宇终于哭出了声，他抽泣着说："妈妈，对不起！"妈妈笑了，说："儿子，你真傻，妈妈把你养大，会不了解你的性格吗？我一直对老师的话有所怀疑，你和老师之间一定存在什么误会，我想你会告诉我原因的，没想到你就那样走掉了。"

翔宇说："同桌把我的文具盒藏了起来，我要他还给我，他不还，我上课没法记笔记，只好去翻他的书包，没想到被老师看见了。妈妈，对不起，我错了。"

妈妈笑着说："有问题要及时说出来，不然别人就无法知道真实情况。好啦，儿子，过去就过去了，现在，我们逛超市去，但是下不为例啊。"

孩子会在生活中遇到各种各样的困难，他们也会为某件事黯然神伤，会被无数的烦恼纠缠。因此，很多时候，他们需要一个聆听者，而妈妈往往是他们最值得信赖的人选。因此，作为妈妈，你应该及时留意孩子情绪的变化，当你觉察出他的情绪有异样时，应积极引导孩子把憋在心里的不快说出来。

一份调查显示：80%的孩子心理障碍和家庭教育有关，特别是与妈妈和孩子缺乏沟通交流有关。孩子虽小，但他们有人格尊严，认知世界有自己独特的视角，他们有表达内心感受、阐述自己观点的愿望。妈妈应耐心地让孩子把话说完，只有这样，才能互相沟通理解，建立健康、和谐的亲子关系。

孩子是一块洁白无瑕的璞玉，孩子是否成器，关键看妈妈如何去雕琢。当孩子在学习和生活中遇到问题而向妈妈倾诉时，妈妈要做孩子忠实的听众，耐心地和孩子交流。

身为妈妈你要明白，倾听有时候也是一种爱。只有通过倾听，你才能得到重要的信息，才能做出恰当的判断。

第五章

说话算话的妈妈——穷养富养，不如好教养

你是说话算话的妈妈，当你答应陪伴孩子时，一定会提早安排好其他的事项。你不会随意答应孩子任何事，实现不了时也不会以各式理由推托，你知道表率很重要，你知道有教养的孩子才能成大器。

1.妈妈的素质，影响孩子的品德

家庭教育对一个人的成长和发展起着决定性的作用，而妈妈的教育是家庭教育中最重要的一部分，在一定程度上甚至可以说是家庭教育的全部。一个人是否有良好的家教，很大程度上由他有一个什么样的妈妈来决定。而接受什么样的家庭教育，是由妈妈的素质决定的。

如果妈妈是庸俗的、粗暴的，孩子也可能是粗暴的、蛮横的；如果妈妈是友善的、豁达的，孩子也可能是友善的、开朗的；如果妈妈是一个邋遢、慵懒、颓丧的人，孩子整天生活在一个杂乱无章、起居无序的家庭里，也可能因袭妈妈一些不良的生活习惯。因此，作为第一教育者的妈妈，其文化素质、道德修养以及言行举止、待人接物等，对纯洁幼稚且善于模仿的孩子都会产生重要的影响。

星期天，8岁的徐冰和妈妈一起到麦当劳吃饭。妈妈在一旁买东西时，突然发现徐冰和另一个小女孩发生了矛盾，女儿嘴里大喊着："小混蛋，谁叫你占我的位子！"妈妈刚要阻止女儿，却发现那个小女孩也不示弱，反过来揪着徐冰的胳膊又掐又咬。

徐冰妈妈吓了一跳，心想这孩子怎么这么打人呢？仔细一想，她明白了：一定是对方的妈妈经常用这样的方法教训她，孩子都是跟妈妈学的。可是转念又一想，女儿生气发脾气时的行为，不也和自己一模一样吗？

在孩子的教育上，妈妈比爸爸要担负更多的责任。因为在孩子出生之前，妈妈就已经在影响孩子了；出生之后，孩子接触最多的也是妈妈。妈妈对孩子的教育渗透在生活的各个方面，对孩子的影响也远远超出人们的想象。孩子在生活中模仿的最直接的对象也是妈妈，所以，妈妈的素质如何，会直接影响到孩子的个性品德，决定着孩子日后的发展。

想要成为一个完美的妈妈，不仅要给孩子健康的身体，还要给孩子健康的生活和教育。当发现孩子身上有某些错误时，妈妈先不要急于责备孩子，而要先检查自身的言行，也许孩子犯的错误正照射出我们自身的很多缺点。

一天吃饭时，4岁的静雅面对桌上的饭菜提不起丝毫兴趣。妈妈见女儿不吃饭，就问她怎么了，静雅吞吞吐吐地说就是不想吃。妈妈摸摸静雅的头，没有发烧，心里忽然就起了无名火，伸手就打了孩子一巴掌。静雅大哭起来，妈妈也被这突发事件搞得没什么心情吃饭了。

等冷静下来后，妈妈想：自己没弄清楚原因就打女儿是不对的，还是应该问问孩子为什么不想吃饭。于是，妈妈用缓和的口气安慰静雅，并问："你是不喜欢妈妈今天做的饭吗？"静雅摇摇头，说："喜欢。""那你为什么不想吃呢？""妈妈说，一个人长大了烦恼太多，活着太没有意思。我不吃饭，就不会长大了。"

静雅的话让妈妈很震惊。她想不到，自己因为对生活的不满而引发的牢骚竟会如此深刻地影响着女儿。

也许妈妈不经意的一句话就会影响到孩子对生活的判断；同样，妈妈的不良情绪也会影响孩子的情绪发展及控制能力。如果妈妈经常以这样的情绪和态度对待孩子，那么缺乏判断能力和自我控制能力的孩子也会常常陷入到各种不良情绪当中。

优秀的妈妈不会抱怨生活中遇到的苦难，至少不会在孩子面前抱怨，也不会随便在孩子面前表现出不良的情绪、行为等。她们认为，做母亲要承担身心的劳累是天经地义的事。很多优秀的妈妈还会将教育孩子看作人生中非常快乐的事，并时刻以一种自信、乐观、洒脱的状态展现在孩子面前。

要想做一个高素质的妈妈，首先要具备正确的教育理念，这样才能很好地处理孩子在成长过程中不断出现的问题，满足孩子的探索欲望。

那么，高素质是不是就意味着学历高、文化水平高呢？并非如此。一个人的学历、文化水平与素质的确有一定的关联，但并非完全成正比。学历高、文化水平高，并不意味着就有正确的教育观念。

妈妈要知道正确的教子观念是什么，这样才能更好地在教育孩子过程中不断纠正自己的错误，给孩子创造一个轻松、快乐、自主的生活氛围，从而让孩子具备良好的品德、规范的行为、健康的人格和心理等。

（1）鼓励孩子多学习、多思考。

修炼品德，最好的方法就是不断学习。只有不断学习，才能明白为何要提高品德，才能辨明善恶，清楚品德在社会交往中的作用，懂得自己需要加强哪些品德修养。相反，如果妈妈不能引导孩子多学习、多思考，孩子的勇敢也可能变成鲁莽，谦虚也可能变成懦弱。

妈妈可以给孩子买一些这方面的书籍，或讲些品德故事，并鼓励孩子就故事作出思考，让孩子逐渐将道德情感转化为道德行为。

（2）培养孩子对身边亲人的爱。

苏联教育家苏霍姆林斯基说过："如果一个孩子连他妈妈也不爱，他还会爱别人、爱家乡、爱祖国吗？爱自己的妈妈，爱自己身边的亲人，容易懂，容易做，而且还会为日后进行爱国主义教育打下基础，乃至慢慢地将爱的范围扩大。"

所以，妈妈应在平时教育孩子多给妈妈、爸爸及自己身边的亲人带来欢乐，关心、体贴、照顾生病的家人，有好东西要和大家分享，还可通过讲故事启发孩子对爱的理解。总之，妈妈要从身边的点滴小事随时对孩子进行爱的教育,让孩子拥有一颗充满爱的心。

(3) 培养孩子有错就改的好品质。

妈妈要教育孩子不隐瞒自己的过错,不说谎,有错误就要勇于改正。要使孩子切实做到这些,最主要的是妈妈教育的态度。如果对孩子的过错只是一味指责,则很难培养孩子这一品质。在妈妈发现孩子说谎时,应先分析其说谎的原因,然后再有针对性地解决。

比如,孩子要买一支好看的钢笔,遭到了妈妈拒绝,结果孩子背着妈妈私拿了同学的。如果妈妈发现孩子拿了同学的东西时,不问缘由地批评孩子,是解决不了问题的。

有时孩子待人不真诚,有说谎、私拿别人东西等不良行为,也可能是受了某种环境的影响,这种潜移默化的影响会使孩子形成根深蒂固的恶习。为此,妈妈不要掉以轻心,明智的做法是处处以身作则,当好孩子的榜样。

人无高低贵贱之分,只有品德好坏之别。作为孩子人生的第一个指导者,妈妈是孩子品德养成的决定性人物,因此需要在日常生活中加强对孩子的品德教育,让孩子具备优秀的品德修养,为未来顺利走向社会打下基础。

2.千万不要奢望老师能完全取代妈妈

养育孩子是一项非常重要的工作,也是每一位妈妈的重要职责,正如美国慈善家罗斯·肯尼迪所说:"照看孩子不仅是一种爱与责任的表现,也是一项职业,就像世界上其他任何令人尊敬的职业一样,它充满乐趣和挑战，需要全身心投入。"

从这个意义上来说，养育孩子就是妈妈的终身事业，需要用心。前半生用心，后半生省心；前半生省心，后半生伤心。如果妈妈能够用心陪伴孩子成长，孩子将受益一生。

"爸爸玩电脑、打电话，妈妈做家务，他们每天都不和我一起玩。" 5岁的郎朗正是爱玩爱闹的年龄，每天从幼儿园放学后，常会缠着大人陪他玩，但大多时候，他都会失望地回到自己的房间。对此，郎朗妈妈说："我每天下班后就要做饭收拾家，基本没空闲时间，就让孩子爸陪他玩。可是，孩子爸也累了一天，想安静一会儿，就扔给孩子几个玩具或平板电脑，美其名曰让孩子自己探索，发现乐趣。为此，我们也不止一次发生争执。"

一次，郎朗爸爸到超市购买了一个机器模型给儿子做生日礼物，原以为孩子收到礼物会非常兴奋，谁知道却被儿子丢到了一边。后来，郎朗悄悄告诉妈妈：他自己一个人玩模型一点意思都没有，他想爸爸跟他一起玩模型。

在甩手掌柜型妈妈的家中，我们常常看到的画面是，孩子一个人闷闷不乐地摆弄着玩具，抑或专注地看着动画片，偶有妈妈在身边，妈妈也只是随意做做表面文章。

孩子一个人玩不是独立，而是孤独，爱需要陪伴。当孩子渐渐长大，你会发现，很多和孩子最亲昵的时光一旦错过，便再也无法找回了。

据儿童心理研究者表示，低龄的孩子独处时，会感到很孤独，内心渴望与人交流。所以，妈妈不仅要自己抽时间陪孩子，更要创造机会让孩子与伙伴一起玩。在与伙伴的交往中，他们能学会适应社会，学会与人相处，完成社会化的过程，这才是真正的独立过程。

在陪伴孩子的过程中，妈妈要多一些耐心和爱心，引导孩子多尝试一些事情，不要总跟孩子说"不"。越跟孩子说"不"，孩子越容易养成没有主意的性格。如果孩子没有自己的主意，在今后的人生路上遇到很多事情时，他总会征求家长或别人的意见，那样，妈妈就真的要发愁了。另外，不要把孩子的时间排得太满，有些家长为了减轻自己的负担，给小小年纪的孩子报好几个培训班，把与孩子相处的时间压榨得所剩无几。其实，放慢孩子走场似的学习脚步，让孩子尽情享受童年，这样对他以后学习、成长会有更大的促进作用。

在孩子成长的每一个关键阶段，妈妈都应该是主角，不是配角，更不能缺位。

从出生到两岁，妈妈既要关注孩子的吃喝拉撒睡，即生理的发展，又要关注其人格和社会性的发展。对于吃喝拉撒等护理方面的事情，我们可以请人代劳。但如果妈妈希望跟孩子之间建立安全型依恋关系，就只能靠自己多跟孩子互动、敏感地回应孩子、积极地表达情绪等，这些工作是永远无法外包给别人来完成的。

从两岁到六岁，妈妈不但要关注孩子的生理发展和社会性发展，更要关注孩子的性格培养和习惯养成，在这个阶段培养的性格、养成的习惯将影响孩子的一生。从两岁左右就开始逐渐学会遵守规则，逐步提高自己的社交技能，随着年龄的增加，孩子的自我控制能力不断发展。因此，妈妈需要像教练一样养育孩子，提高孩子在自我控制和社会关系方面的能力；制定规则并执行，这个阶段对孩子的爱就是手把手教给他们规则和要求。当然，妈妈建立的规则也需要跟孩子逐渐提高的能力相匹配。所有这些方面，都很难让别人来取代妈妈的角色。

从6岁到青春期前后，妈妈不但要关注孩子的生理和心理发展，更要关注孩子的品格培养和价值观塑造。孩子到了6岁左右，自理能力大大提高，行为上表现得更加独立。因此，妈妈要为他们建立起一种生活方式，教给他们价值观和道德观，逐渐让孩子确立自己的人生观。而在品格和习惯培养方面，妈妈的身教胜过言教。说给孩子听，不如做给孩子看。要求孩子做到的自己首先做到，希望孩子具备的自己要首先具备。在价值观引导方面，妈妈只有充分了解自己的孩子，才能真正走进孩子的内心世界。这些方面，更是无法靠别人来完成。

完整的教育体系应该包括家庭教育、学校教育、社会教育和自我教育四个方面。家庭教育在整个体系中处于首要位置，学校教育处于主导地位，社会教育是外因，自我教育是内因。

因此，作为妈妈，千万不要奢望老师能全部取代妈妈的角色，更不要认为学校和教育机构能代替家庭。如果说学校主要教孩子知识、技能，那么，妈妈更多的责任则是把孩子培养成为一个合格的公民。

3.为孩子量身定做一个"品行表"

美国社会学教授马丁·哈斯克尔和路易斯·雅布隆斯基在《青少年犯罪》一书中指出："影响人们生活的社会团体中，家庭的影响最直接、最永久。家庭是决定一个儿童是否成为犯罪者的重要因素，是青少年适应社会的基本媒介。"对每一个孩子来说，家庭是其社会化的重要场所，家庭里，母亲的角色对未成年人的人格形成、行为模式的养成有着极其重要的影响。

每一位母亲都希望自己的孩子健康成才、出类拔萃。然而，有些母亲付出了许多艰辛，甚至不惜自我牺牲，结果却没有达到理想的目标，有的孩子还成为社会的罪人，这一无情的现实令她们百思不得其解，其根源就在于她们有意无意地轻视或忽略了母亲自身的素质问题。

苏联教育家马卡连柯曾说：一切都让给孩子，为他牺牲一切，甚至牺牲自己的幸福，恰恰是送给儿童的最可怕的"礼物"。绝大多数人从出生便沐浴于最伟大的母爱中，理智、温馨的母爱是孩子健康成长的重要条件。有调查表明，三分之二的未成年人认为具备良好素质的母亲是自己成长的第一道德榜样。

未成年人有着不同于成年人的心理、生理状况，因正值身体发育时期，体力充沛，精力旺盛。与身体发育相比，其心理发育相对滞后，思想幼稚，辨别是非能力差，好模仿，易冲动，自我约束控制能力差，容易误入歧途。这时，母亲正确的引导就是预防孩子走错路的途径之一。

母亲要重视自己的德行，因为母亲在生活中所表现出来的思想品德、行为习惯，对于可塑性、模仿性很强的未成年孩子有着直接影响和感染作用，是孩子直观和活生生的榜样。马卡连柯说过："不要以为只有在你们同儿童谈话、教训他、命令他的时候，才是进行教育。你们是在生活的每时每刻，甚至你们不在场的时候，也在教育儿童。你们怎么样穿戴，怎样同别人讲话，怎么样谈论别人，怎么样欢乐或发愁，怎么样对待朋友和敌人，怎么样笑，怎么样读报，这一切对儿童都有着重要的意义。"

儿童教育家孙敬修也说过："孩子的眼睛是录像机，孩子的耳朵是录音机，孩子的头脑是电子计算机。母亲个人的范例对于未成年人的心灵是任何东西都不可能替代的最有用的阳光。"这就需要母亲以良好的形象发挥其独特的榜样作用。给予孩子正确的思想、优秀的品德，必须注意从自身做起，从家庭做起，说到做到，言传身教相结合。比如，明礼诚信，团结友善，勤俭自强……这些思想并不是让孩子背下来就是给孩子了，而是要落到实践中，要通过实际行动把它变成孩子的美德。

在对孩子进行品行教育的时候，妈妈应有自己的独特方式。

　　教育专家斯托夫人认为，应该让孩子懂得自己良好的德行会换来相应的回报，她就是按着这一原则教育自己的孩子维尼夫雷特的。例如，如果孩子做了好事，第二天早起时，她就能在枕头旁边发现好吃的点心之类。斯托夫人会告诉她，这是由于她昨天做了好事，仙女奖赏给她的。假若她做了坏事，第二天早上起来就没有这些东西，这时斯特夫人就告诉她，因为她昨天做了不好的事情，所以仙女没有来。

　　有一天，维尼夫雷特把一个珍贵的娃娃丢在了草坪上，被小狗给咬坏了，她哭叫着把它拿到斯托夫人那里。斯托夫人抱起她，说了一句"真可怜"，然后又教训她说："把那么好的娃娃放到草坪上，这多么残忍啊，假若我把你放到野外，被老虎和狮子吃掉的话，做妈妈的该有多么心痛呀！"

　　还有一次，小维尼要到朋友家去，问斯托夫人可以不可以。斯托夫人同意了，并且要她必须在12点半以前回来。但是，那天不知为什么，小维尼没有准点回来，她迟到了10分钟。斯托夫人什么也没说，只是指了指手上的表让她看。孩子知道迟到不对，道歉说："是我不对！"吃完饭，她赶紧换衣服，准备去看她们每到星期二就去看的好看的戏剧、电影。斯托夫人让她再看看表，并说："今天因时间太紧迫来不及了，戏看不成了。"小维尼难过得哭了，斯托夫人只对她说了句"这真遗憾"，但并未采取别的手段。斯托夫人这样做是为了让她知道，妈妈说话是算数的，并且都是为她好。

　　斯托夫人为了使维尼夫雷特养成良好的品行，还特意绘制了品行表，一周一张，内容有13项：服从、礼节、宽大、亲切、勇敢、忍耐、真实、快活、清洁、勤奋、克己、好学、善行。

　　如果女儿有与这些项目相符的行为，就在那天的一栏中贴上一颗金星；反之，则贴上一颗黑星。每星期六数一下，若金星多，下周内就可得到和金星数相等的书、发带、鲜果等；如果是黑星多，就不能得到这些物品。

这个品行表在星期六统计之后也不准扔掉，而要让女儿下决心，在下周消灭黑星。这样做也有利于培养孩子积极的心态，因为如果长期保留黑星，会使孩子感到沮丧。

宽大、亲切、勇敢、忍耐、真实、快活、清洁、勤奋……这些美德是学习成绩、家庭背景、交际关系所无法替代的，是孩子今后成就一切大事的根本素质。妈妈不妨仿照斯托夫人的方法，为自己的孩子量身定做一个"品行表"。

4.以身作则，以诚实培养诚实

孩子的诚信意识是从他的人生经历中逐步看会学会的，培养孩子诚信意识的第一任教师就是妈妈。所以，要使孩子诚信，妈妈首先要做到对孩子诚信，说话算数。

一个男孩说："我妈妈说，只要我考试得了100分，星期天就带我去公园玩。我真的考了100分，妈妈却说她没时间。"

一个女孩说："我妈妈说，写完作业就让我出去玩。我写完了，妈妈却不让我出去玩了，说再让我做10道练习题再出去玩。我就不想再做了。"

孩子会从妈妈的这些言行中得到一些经验：大人也是会失信的，撒谎也是允许的，为了达到目的，用许诺来骗一下对方也无妨。

　　妈妈们就是这样一次次"说话不算数"，失去了孩子的信任，也失去了自己在孩子心中的威信。孩子也慢慢从这些小事中学会了不诚信。

　　方加亮大学毕业前夕去人才市场找工作。一家服装公司的市场部要招4名市场调研员，基本要求是：口才好，文笔好，能吃苦耐劳，还要有两年以上工作经验。方加亮口才一向不错，文笔也没有问题，大学4年，他做了3年校报主编，文章发表了100多篇，至于吃苦耐劳，那是农家孩子的本色，可就是缺少工作经验。但他很喜欢这个工作，不想就这么放弃，于是就填好一张表格交了上去。

　　随后的笔试、面试他都顺利过关，最后一关是实践测试，公司发给经层层筛选而剩下的20个人每人10份调查表，给一个星期的时间让他们去搞调查，谁完成的调查表又多又好，谁就会被录取。

　　方加亮调查起来才发现，这实在不是一件容易的事，因为调查表的内容设计得非常详细，一些数据还涉及几年前的销售情况。结果，被调查的人一翻那份厚达七八页的调查表，就直皱眉头，大都以"实在太忙"予以婉拒。

　　方加亮辛辛苦苦地跑了4天，也只做好了两份调查表。剩下几天，他跑得更加卖劲了。有一家服装厂，他连跑了3趟，留在那里的调查表还是空白一片。那位经理被他的毅力感动，就好心对他说："我现在实在是没有时间。这样吧，我给你的调查表盖上章，数据你回去自己填，反正也没人知道，怎么样？"他起初想：这倒是个好办法：大部分单位，求其盖个章也不是很容易的。至于数据，照着那份填好的调查表，改动一下就是了。但又一想：不行！这样一来，调查表就失去了任何参考价值。考虑再三，他最终谢绝了那位经理的好意。

　　期限到了，方加亮拿着3份调查表去交差，而其他人则拿了厚厚一叠调查表。看来，这份工作是没有希望了，想着自己的努力将前功尽弃，方加亮真有点后悔当初没听那位经理的话。

但出人意料的是，3天后，那家公司打电话来通知方加亮，他被正式录用了。

一位中年人事经理在办公室见了前来报到的方加亮。他拍着方加亮的肩膀说："所有人中，只有你一个人没有工作经验，但我还是给了你一次机会。你们交回调查表后，公司马上就派人去核实……你们的工作会直接影响公司的营销策略，容不得半点虚假。"最后，他意味深长地对方加亮说："你要记住，无论干什么，一个不诚实的人是永远没有前途的。"

孩子是否有诚实的品德，直接关系到他将以一种什么样的态度去对待人生，也关系到他人将对其行为作出何种评价。诚实的孩子真诚地对待每一个人、每一件事，坦坦荡荡，光明磊落，他们一定会在学业与人生的发展道路上越走越稳，越走越好。因此，妈妈们应利用一切可利用的机会以各种形式对孩子进行引导、教育，鼓励孩子养成诚实的品德。

有一位母亲周末带着9岁的孩子去钓鱼，河边有块告示牌写着："钓鱼时间：上午9点到下午4点。"一到河边，母亲就提醒孩子要先读清楚告示牌上的警示文字，那位孩子很清楚只能垂钓至下午4点。

母子俩从上午10点半开始垂钓，直到下午3点47分左右，孩子的钓竿终于有了动静，钓竿末端弯曲到了要碰触水面的地步，而且水面下鱼饵那端的拉力很强，他大声喊叫母亲过去帮忙，这显然是钓到了一条大鱼。

母亲一边协助孩子收线，一边利用机会教导孩子如何跟大鱼搏斗，两人经过一段时间的拉、放之后，终于将一条长约65厘米、宽约22厘米、重七八斤的大鱼钓了上来。母亲双手紧紧捧着大鱼，跟孩子一起欣赏着，孩子显得高兴又得意。

此时，母亲看了一眼手表，收起笑容对孩子正色说道："亲爱的，你看看手表，现在已经是4点12分了，按照规定只能钓到4点，因此，我们必须将这条鱼放回河里去。"

孩子一听，赶紧看自己腕上的手表，确实是4点12分，但他很不以为然地对母亲说："可是我们钓到的时候，还没到4点啊！这条鱼我们应该可以带回家。"

孩子一面说，一面露出一脸渴望的表情看着母亲，可母亲随即回答说："规定只能钓到4点，我们不能违背规定。不论这条鱼上钩的时候是否在4点以前，我们钓上来的时间已经超过4点，就应该放回去。"

孩子听了之后，再次对母亲恳求："就这么一次！我也是第一次钓到这么大的鱼，这里又没有人看到，就让我带回家去吧！"

母亲斩钉截铁地回答说："不可以因为没有人看到就带回去。不要忘记，上帝在看！他知道我们做了什么。"说完，母亲便与孩子捧起那条鱼，将它放回了河里。

孩子眼含泪水，望着大鱼离去，没有再说一句话，默默跟着母亲收拾钓具回家。

10多年后，这个孩子成为一位口碑很好的律师。在他的事务所会客厅里挂着一幅匾，上面写着："你们说话，是，就说是，不是，就说不是，再多说便是出于那邪恶者。"

每个来找他办案的人，他都要求当事人必须先读一次这句话，然后对他们说："若是被我发现你有隐藏案情，或是不诚实，我会立即拒绝为你辩护。因为我无法替不诚实的人申冤，否则会违背我的信仰和良知。"

这位律师名叫乔治·汉弥尔顿，在纽约市执业，他最出名的一句话是："我从不强辩，只照实说出事实真相，因为上帝知道我所说的每句话。"

由此可见，妈妈的示范作用有多大。生活中，妈妈应该做孩子诚实的榜样，用自己的言行来引导孩子逐渐形成诚实的品质。

5.在孩子心中播下尊重他人的种子

尊重他人，是对别人的一种肯定。在孩子心中播下尊重他人的种子，不但可以创造一个更加文明、宽容的氛围，也能帮助孩子获得很多珍贵的品质。

这是发生在美国纽约曼哈顿的真实故事。

一天，一位40多岁的中年女人领着一个小男孩走进美国著名企业巨象集团总部大厦楼下的花园，在一张长椅上坐了下来。她不停地跟男孩说话，似乎很生气的样子，不远处，有一位头发花白的老人正在修剪灌木。

忽然，中年女人从随身提包里拉出一团纸巾，一甩手将它抛到了老人刚修剪过的灌木上面。老人诧异地转过头朝中年女人看了一眼，中年女人满不在乎地看着他。老人什么话也没有说，默默地走过去将那团纸巾扔进了一旁装垃圾的筐子里。

过了一会儿，中年女人又拉出一团纸巾扔了过来。老人再次走过去把那团纸巾扔到筐子里，然后回到原处继续工作。可是，老人刚拿起剪刀，第三团纸巾又落在了他眼前的灌木上……就这样，老人一连捡了那中年女人扔过来的六七团纸，但他始终没有因此露出不满和厌烦的神色。

"你看见了吧！"中年女人指了指修剪灌木的老人对男孩大声说道，"我希望你明白，你如果现在不好好上学，将来就会跟他一样没出息，只能做这些卑微低贱的工作！"

老人听见后，放下剪刀走了过去，和颜悦色地对中年女人说："夫人，这里是集团的私家花园，按规定只有集团员工才能进来。"

"那当然，我是巨象集团所属的一家公司的部门经理，就在这座大厦里工作！"中年女人高傲地说道，同时掏出一张证件朝老人晃了晃。

"我能借你的手机用一下吗？"老人沉默了一会儿，说道。

中年女人极不情愿地把手机递给老人，同时又不失时机地开导儿子："你看这些穷人，这么大年纪了连手机也买不起，你今后一定要努力啊！"

老人打完电话后把手机还给了中年女人。很快，一名男子匆匆走过来，恭恭敬敬地站在老人面前。老人对来人说："我现在提议免去这位女士在巨象集团的职务！""是，我立刻按您的指示去办！"那人连声应道。

老人吩咐完后径直朝小男孩走去，他伸手抚摸了一下男孩的头，意味深长地说："我希望你明白，在这世界上最重要的是要学会尊重每一个人。"说完，老人撇下三人缓缓而去。

中年女人被眼前骤然发生的事情惊呆了，她认识那个男子，他是巨象集团主管人事的一个高级职员。"你……你怎么会对这个老园工那么尊敬呢？"她大惑不解地问。

"你说什么？老园工？他是集团总裁詹姆斯先生！"中年女人一下子瘫坐在长椅上。

哲学家威廉·詹姆士说过："潜藏在人们内心深处的最深层次的动力，是想被人承认、受人尊重的欲望。"渴望受人喜爱、受人尊敬、受人崇拜，这是人类的天性。但是，有取必有予，我们希望获得什么，就必须首先付出什么。所以，如果你希望获得别人的尊重，就要先学会去尊重他人。

现在，很多妈妈急切地想要培养孩子的独立思考能力，他们片面地认为，在家里对孩子限制太多，会让孩子今后难以适应社会。于是，在生活中向孩子过多地渲染妈妈与孩子间的朋友关系，并在孩子面前随意抱怨老师以及其他长辈，而这些言行却在向孩子发出一种错误的信号："不尊重师长是可以的!"

此外，绝大多数的家庭只有一个孩子，家长在不知不觉中就会对孩子产生溺爱，尤其是家里的老人，一切都以孩子为中心。日积月累，孩子就会认为别人都应该听他的，行事霸道，不懂得尊重别人。

奇奇邀表哥到家里玩。傍晚，表哥想打电话，奇奇却死死地抱着电话机不让他打。原来，奇奇想让表哥留在家里吃饭，但表哥不愿意，要打电话告诉家人回家吃。

奇奇妈妈听了原因，笑着对奇奇说："你可以先问问表哥，愿不愿意留下来跟你一起吃饭。如果表哥不愿意，我们就不能勉强。每个人都有自己不喜欢做的事情，你不喜欢的事，如果我们强迫你去做，你肯定也会不高兴的。"

在妈妈的劝解下，奇奇抽泣着问表哥："表哥，在我们家一起吃饭，好吗?"看见奇奇诚恳的样子，表哥答应了他的要求。

英国著名教育家斯宾塞说过："野蛮产生野蛮，仁爱产生仁爱。"尊重，是人际关系的起点。不尊重他人，他人也不会尊重你，更不可能信任你，这样，你就会失去许多朋友的支持。

妈妈本身的态度对孩子有着重要的影响，所以，在要求孩子学会尊重时，妈妈首先要尊重孩子，让孩子帮忙时要说："请你……"而不要生硬地命令。如果孩子做完了，妈妈要说声"谢谢"。

古人云："敬人者，人敬之。"可见，人与人之间的交往应建立在真诚与尊重的基础上。

有位妈妈是高级工程师，她经常在小区里碰到一位收废品的外地人，每次见到他，她都会微笑着跟对方打招呼。外地人有些受宠若惊，因为小区里住的都是这个城市的精英人群，很多人都对他视而不见，这位女士是唯一一个主动跟他打招呼的人。孩子问妈妈："妈妈，为什么其他人都不理这位收废品的叔叔呢？"妈妈说："因为有些人认为自己的身份比他高贵。"孩子接着问："那妈妈认为自己的身份不比叔叔高贵吗？"妈妈说："是的，我们都是平等的。这位叔叔收废品是在工作，妈妈做工程师也是在工作，我们都是工作者，所以我们是平等的。如果我们的条件比别人好，我们就要尊重别人，不能瞧不起他们；如果我们的条件比别人差，我们就要尊重自己，不能自己瞧不起自己。你明白吗？"孩子点点头。

这位妈妈用行动告诉孩子：人与人是平等的，身份、地位并不能成为判定一个人是高贵还是卑贱的依据，她教给了孩子尊重。

尊重是一种心态，如果孩子习惯于外在条件的比较，那么，在碰到比自己条件好的人时，他就会产生自卑、羡慕、嫉妒等心理；碰到条件比自己差的人时，又会产生高人一等、妄自尊大、目空一切、傲慢的心理。无论是哪种心理，都不利于孩子的成长。而抱着众人平等、尊重他人心态的孩子，则能做到宠辱不惊，保持情绪的稳定和心态的平和。所以，妈妈要教孩子学会尊重他人。

尊重体现在日常生活的点点滴滴之中：孩子跟年长者接触时，不管熟悉还是陌生，给予尊称而不是直呼其名，是尊重的体现；在商场里，看见清洁工人正在拖地，孩子连忙绕道，以免弄脏刚刚拖干净的地面，是尊重的体现；孩子跟父母、长辈说话或者提要求时，不乱发脾气，语气平和，是尊重的体现……

尊重是一种习惯，不是一朝一夕能够养成的，所以，父母要善于利用点点滴滴的小事，教导孩子尊重他人，尊重他人的劳动。

6.文明礼貌是做人的"身份证"

礼貌是道德准则之一，是人与人相处的规矩。心理学家认为，礼貌归根到底是习惯的问题。一个不懂礼貌的孩子会成长为一个不懂礼貌的大人，而不懂礼貌会使他在社会竞争中处于劣势，在工作中很难获得同事的尊重和友好协作，在生活中也不易获得友谊和自信。所以说，要使孩子成长为有所作为的人，妈妈就应该教孩子从小懂礼貌、讲文明。

但遗憾的是，礼貌常常被不少妈妈视为小节而忽视。在现实生活中，有些妈妈认为，现代社会是个自由的社会，懂不懂文明礼仪没关系，只要学习好、有真本事就行了；也有些妈妈认为，小孩子天真无邪，长大了自然就会懂得文明礼仪。其实，这些都是误解。

文明礼貌是做人的"身份证"，是我们随身携带的"教养名片"。一个有教养的孩子必然有良好的文明礼仪，这样的孩子更受人欢迎，也就是心理学上所说的"被众人接纳的程度高"。礼貌要从小培养，否则就会形成坏习惯，一旦形成坏习惯，再想改就难了。只要妈妈们从思想上认识到这个问题的重要性，并在生活中给孩子以正确的引导，就一定能够培养出讲文明、懂礼貌的孩子。

高妙是一个小学五年级学生，她性格比较内向，不爱说话。有一天放学，高妙的妈妈去学校接他，在校门口，母女二人与某位老师模样的人迎面相遇。老师略微一怔，走了过去。高妙告诉妈妈，刚才走过的是自己的数学老师。妈妈问女儿为什么不和老师打招呼呢？高妙回答说，数学老师是另一个班的班主任，只给他们代课，说不定不认识自己。妈妈听后，耐心地开导孩子："见了老师应该有礼貌，要主动打招呼。老师即使认不准你，你也要尊重老师。"从这以后，每当遇到老师，高妙都会主动打招呼，此举也让高妙成了老师心中懂礼貌的好学生。

可见，培养孩子的礼貌行为，做妈妈的责无旁贷。只要从日常生活的点点滴滴入手，耐心地加以指导，孩子自然会形成礼貌的行为习惯。

礼貌既是一种礼仪规范，也是社交技巧，更是人与人之间沟通的基础。培养孩子讲文明、懂礼貌，就是要让他们学会亲切、和气、文雅、谦逊地说话和做事；正确有礼貌地称呼人；热情地招呼客人；正确地运用礼貌语言；能有礼貌地处理生活中的一些事……

培养孩子文明礼貌的习惯，可以从以下几个方面入手。

（1）给孩子树立文明的榜样。

古语说："己正而后能正人。"作为家长，想让孩子礼貌待人，自己首先就要做出表率，妈妈对孩子的影响最直接、最深刻，妈妈的身教是对孩子最生动、最实际的教育。妈妈应充分利用家里来客的有利时机提醒孩子，给孩子作示范，使孩子在亲身体验和实践中理解文明、礼貌、热情的含义，潜移默化地影响孩子，使孩子在耳濡目染中逐步形成礼貌待人的品德。

(2) 训练孩子的礼貌言行。

如果孩子和长辈说话时没有使用敬语"您"，妈妈应言语恳切地教导孩子，并教孩子练习说上几遍，直到孩子说正确为止。这样做的目的是让孩子意识到和长辈说话应该讲礼貌、有礼节。当家中来客人时，妈妈应要求孩子主动和客人打招呼；客人告辞时，要求孩子把客人送到门口或电梯口。

(3) 为孩子讲解待客的规矩。

妈妈要给孩子讲解待客的规矩，使孩子懂得一定的行为规范。如亲友来访时，听到敲门声要说"请进"；见了亲友，要按称谓主动亲切问好；拿出点心、水果等热情地请客人吃，不应显出不高兴的样子或独自去吃；大人谈话时，小孩不应随便插话；小客人来，应主动拿出玩具与小客人玩；共同进餐的人未完全入席前，不得动餐具自己先吃；客人离开时要说"再见"，并欢迎客人再来。

(4) 帮孩子掌握必要的礼貌常识。

帮孩子掌握必要的礼貌常识包括两方面的内容：语言和行为。

文明礼貌语言要求不说粗俗的话，日常用语包括"你好""早上好""见到你非常高兴""欢迎光临""晚安""再见""欢迎再来""对不起""没关系""谢谢""请"等。

文明行为包括见面或分手时打招呼、握手，与人交谈时，眼神、体态和表情要体现出对对方的尊重。与别人说话的时候要用眼睛看着对方，这也是一种礼仪。

7.培养孩子谦虚谨慎的美德

谦虚是一种美德，但这种美德在现在的一些孩子身上很难发现。生活中，有的孩子拥有了某一些方面的特长，就觉得自己很厉害，从而就骄傲起来；有的孩子考试成绩好，就瞧不起成绩差的同学，甚至觉得自己什么都比人家厉害。俗话说：谦受益，满招损。骄傲自大对孩子的成长很不利。因此，学会谦虚是非常重要的。

米乐是个很有才华的孩子，刚上小学四年级便能写出一篇篇出色的文章。因此，米乐立志要当作家，并发誓要当著名作家。米乐若能为此努力学习，脚踏实地地读书，认真地写作，有这样的雄心壮志也没有什么不好。可是，他并没有这样做。他认为书上的知识都是别人写的，他要突破这些人，创造出自己的作品。他开始讨厌学习。

而且，米乐越来越看不上老师，他说："老师都是些庸人，在课堂上只会照本宣科，一万句话里找不到一句精彩的格言和奇特的妙语。"

在这种厌学情绪下，米乐的成绩一路下滑。一次摸底考试中，他的数学考了17分，外语考了24分，连语文也只得了60分。

米乐本来是个很出色的孩子，但由于他骄傲自大，有了一点点特长就不认真对待学习，看不起老师，成绩倒退也就成了必然结果。

骄傲自大是一种不良的心理状态，它会对孩子的成长产生很多消极影响：

骄傲自大的孩子常常在自己的周围树起一道无形的"城墙"，形成与外界的隔膜，这会使他们的心胸变得很狭窄。

骄傲自大的孩子虽然能取得一定的成绩，但往往没有远大的理想和志向，而只满足于眼前的成绩。并且，他们看不到别人的成绩，只会"坐井观天"。

骄傲自大的孩子很难和别人友好相处，因为他们不能做到平等对待他人，总在别人面前摆出一副高人一等的姿态。

骄傲自大的孩子情绪十分不稳定。当别人不理睬他们时，他们会感到很沮丧；当遭到失败和挫折时，他们又会从骄傲走向自卑，甚至否定自己的一切，觉得自己什么都不如别人。

因此，当孩子产生骄傲自满的情绪时，做父母的应该给予孩子积极的引导，使其向着健康的方向发展。

阿根廷人卡尔·威特一出生就是一个智障儿，但他的父亲老威特运用一种与众不同的教育方法，使小威特8岁时就掌握了德语、法语、意大利语、拉丁语和希腊语5种语言。同时，小威特还通晓动物学、植物学、物理学、化学，尤其擅长数学。小威特在9岁时就考上了哥廷根大学，未满14岁就被授予了哲学博士学位，16岁时又获得了法学博士学位，并被任命为柏林大学的法学教授。

小威特能取得如此成就，皆源于父亲老威特非常注意培养孩子谦虚的习惯，他禁止任何人表扬他的儿子，生怕孩子滋长骄傲自满的情绪，从而毁了他的一生。

有一次，赛思福博士对老威特说："你的儿子骄傲吧？"老威特说："不，我儿子一点也不骄傲。"他不相信，一口咬定说老威特的儿子一定很骄傲。之后，他见到小威特并和他谈了很多话才肯相信老威特的话。

还有一次，督学官克洛尔来到阿根廷，因为听说了小威特的事，就很想考考小威特。老威特答应了这一要求，按照惯例，老威特也有个条件，即不管考得怎么样，绝不要表扬自己的儿子。听说小威特擅长数学，督学官便想考考他的数学水平。

在两人达成协议以后，督学官把小威特叫到面前，他们先聊了些人情世故，然后督学官开始考察小威特的学问。"太好了！"听着小威特从容不迫地回答，督学官不禁拍手称赞。在数学考试中，小威特总能想出两种甚至更多的方法来解答督学官出的每一道题，而且所有的解答都符合要求。这时，督学官高兴得忘了与威特父亲的协议，开始情不自禁地称赞小威特，威特父亲不停地用眼神制止他。由于督学官和小威特都爱好数学，这场考试后来变成了两人之间的探讨，最后，小威特反过来向督学官提问，竟把他问住了。督学官不禁叫了起来："啊！他的学识已经超过我了！"

老威特心想：这下糟了。他赶忙说："哪里啊，其实，小威特这半年一直在学校学习，这些都是老师教的东西。"督学官不甘心就这么被打败，又对小威特说："你再试试这道题，欧拉先生想了3天才找到答案，如果你能做出来，那才是名不虚传的天才呢！"

闻听此言，老威特担心地看着儿子，他并不是怕儿子做不出来这道难题，而是担心如果小威特真的做出来了，以后可能会因此骄傲万分。但若阻止儿子回答，他又担心会引起督学官的误解，认为他是怕小威特做不出那道题才要求结束考试的。无奈，老威特只好装作若无其事地在旁边看着。

那道题的题目是一个农夫想把一块地分给3个儿子，要平均分成三等份，每一份都要与整块形状相似。督学官问小威特以前有没有见过这道题，小威特说没有，督学官便让他做做看，并对老威特说："这道题非常难，我想你儿子是做不出来的，我这样做是为了让他知道世界上居然还有这样的难题。"

然而，督学官的话还没说完，小威特便欢呼道："我做出来啦。""不可能。"督学官走过去看答案，小威特向他说道："你的要求是这样的，让这3个部分相等，然后各个部分都与整块地相似，对吗？"

督学官有些恼羞成怒，他说："你以前就知道这个题吧？"听他这样说，小威特非常委屈，眼里含着泪水不停申辩道："不知道，我以前真的不知道啊。"

此时，老威特站出来说："我以人格起誓，我儿子所说的一切全是真的。我非常了解我的儿子，他从不撒谎，而且他做的事情我都很清楚，他确实是第一次遇到这个问题。"督学官不得不认输，他说："恭喜你，你的儿子已经超过大数学家欧拉了。"老威特暗暗地拍了他一下说："俗话说，'瞎鸟有时也能啄到豆'，小威特做出这道题其实是很偶然的。"

督学官终于明白了老威特的苦心，他说："是的，是的。"然后悄悄地对老威特说："我现在真的很佩服你的教育方法，你的儿子不论多么杰出都不会骄傲。"小威特也很快放下了这件事，兴高采烈地与别人谈话去了。

所以，想让孩子成为一个有修养并最终获得成功的人，妈妈们就要从小培养孩子谦虚谨慎的习惯，让孩子戒骄戒躁，在谦虚中不断吸取知识，取得进步。

(1) 引导孩子客观地认识自我。

宋佳是个小学三年级的女生，好胜心很强，凡事都不允许别人比她强，否则就会耍脾气。一次和妈妈聊天，宋佳提到了与数学老师发生的争执，原因是数学老师说宋佳没有刘娜细心。

妈妈听了，语重心长地说："老师不顾你的抱怨而选择批评你，并不是看不起你，而是希望你能有所进步。妈妈也是这么希望的。"

听了妈妈的话，宋佳深受触动，后来，她慢慢改掉了自负的坏毛病。

孩子高估自己，认为谁都不如自己，往往是因为他们只看到自己的长处，而看不到自己的短处，总拿自己的长处比他人的短处。一旦发现这种苗头，妈妈要及时给予教育和引导，让孩子能够正确地认识自己，看待他人。

（2）表扬的方式要正确。

虽然表扬教育被广泛认同，但过分夸奖和肯定孩子很容易使孩子产生骄傲情绪。一旦孩子生出骄傲情绪，再纠正就困难了。

珊珊和妈妈一起玩跳绳。妈妈一口气跳了20下，而珊珊只跳了5下。

妈妈觉得不能错过这个表扬孩子的好机会，于是，她眉飞色舞地对珊珊说："哇！珊珊好棒，简直是跳绳冠军，比妈妈强多了。"

听了妈妈的话，珊珊突然莫名其妙地把跳绳一扔，还大声哭闹了起来："不玩了！不玩了！"任凭妈妈怎么哄，珊珊都不肯再玩了。

这让妈妈很纳闷："怎么还表扬出事儿来了？"

这样的情况你是不是也常遇到？到底是什么原因呢？

其实，问题就出在珊珊妈妈表扬不当上。在跳绳游戏中，妈妈分明比女儿跳得多，女儿正暗自较劲儿要赶超妈妈，没想到自己比妈妈差那么多。可是这时候，妈妈却冒出几句表扬自己跳得好的话，还说自己跳得比她都强，这无异于给了珊珊"当头一棒"，使珊珊倍感惭愧，让她觉得妈妈是在故意"讨好"自己。

由此可见，表扬虽好，但滥用却是不可取的。

（3）让孩子正确面对批评建议。

有些孩子自尊心太强，一点批评都受不了。但妈妈要知道，只有正确面对批评和建议，孩子才能不断取得进步，也才能赢得周围人的喜爱和信赖。

我们要让孩子知道,他被人批评是因为他有某种缺点,他只有接受这样的批评,才能清楚地看到自己的缺点,让自己得到完善和进步。

(4) 常给孩子讲一些优秀人物的故事。

妈妈可以利用孩子喜欢听故事的特点,多给孩子讲一些优秀人物的故事,以此对孩子进行激励,让孩子知道"天外有天,人外有人",他所取得的成绩和进步,和很多人比起来是微不足道的,所以没有理由不谦虚一些。

对任何人来说,谦虚都是一项积极有力的特质,可以让我们的精神、思想和物质得到不断提升。作为妈妈,应该耐心地引导孩子,让他明白每个人都有自己的优点和缺点,别人身上有很多值得自己学习的地方,用他人之长补自己之短。这样,才能不断地取得进步,走向成功。

第六章

喜欢微笑的妈妈——用乐观伴随孩子的成长

生活中不如意事十之八九，你是个乐观爱笑的妈妈，你懂得如何释怀，你不乱发脾气，心情不好时，你不隐藏，你坦诚地与孩子分享你的小心事，成为他的"大朋友"。

1.测试你对孩子的情绪反应

当你的孩子发脾气、任性的时候，你是温柔地开解他，还是严肃地责骂他？您对孩子发脾气这件事的态度，也将影响到他日后的健康发展程度，做妈妈的你，一定要学会控制自己的情绪。先来测一测你对孩子的情绪反应。

在孩子闹情绪时，你的反应常常是——

A：“别哭了，妈妈带你去买雪糕吃。”“来，爸爸带你去动物园，不要再发脾气啦！”“你再这个样子，我就不让你出去玩了！”

B：“你这个样子像个男孩子吗？真丢人！”“你再吵我就打你了！”“你自己做错了事还耍脾气，想挨打啊？”

C：“回你自己的房间吧，等气消了再出来！”“爱哭你就哭个够！哭够了再来找我。”

D：不理会孩子的情绪反应，喋喋不休地唠叨：“人总会遇到不如意的事。妈妈像你这么大的时候，已经会自己照顾自己了。你想想，爸爸妈妈在你身上花了多少心血……”

测试结果：

A类——“交换型”妈妈

你认为负面情绪有害，所以每当孩子有忧伤的感觉时，你就努力把世界“修补”好，却忽略了孩子更需要的是了解和慰藉。

看到妈妈的这些反应后，孩子会对自己产生怀疑：“既然这不是什么大不了的事情，为什么我的感觉这么糟？”次数多了，孩子会变得缺乏自信，在情绪上很容易产生很大的压力。

B类——"惩罚型"妈妈

孩子常常由于表达哀伤、愤怒和恐惧而受到你的责备、训斥或惩罚。你认为这样不会"惯"出孩子的坏脾气，或者能够让孩子变得更坚强。

表达出自己的情绪可能会带来耻辱、被抛弃、痛苦、受虐待的感觉。所以，对于负面的情绪，孩子是既憎恨又无可奈何。长大后面对人生的挑战时，孩子会显得力不从心。

C类——"冷漠型"妈妈

你接受孩子的负面情绪，既不否定也不责骂，而是"不予干涉"，让孩子自己去找办法宣泄或者冷静下来。

因为没有妈妈积极的引导，一个愤怒的孩子可能会变得有侵略性，用伤害别人的方式来发泄；一个伤心的孩子会尽情地、长时间地哭闹，不知道怎样去安抚自己和舒解自己。

D类——"说教型"妈妈

你以为孩子只要明白了道理，负面情绪就会消失，所以你热衷于滔滔不绝地讲道理。此时，孩子会感到孤单无助，仿佛身处黑洞，要独自面对负面情绪带来的痛苦，而妈妈喋喋不休的训导只会令他苦上加苦。

以上四种是传统的处理孩子情绪的方式，显然都不利于孩子的情商培养。

好妈妈要善于感觉孩子的情绪。看到孩子流泪时，能设身处地地想象孩子的处境，并且能感受到孩子的悲痛；看到孩子生气时，也能感受到孩子的挫败与愤怒。妈妈的接受与分享能让孩子感到身边有可以信赖的支撑，进而更有信心去学习怎样处理面临的问题。

步骤1：肯定

直截了当地说出你看到的在孩子脸上流露出的情绪。

例如："宝贝，我看到你很伤心的样子，告诉我发生了什么事?""你看起来不太高兴，什么事让你生气呀?"以这种肯定的语言作为处理情绪的第一步,"肯定"的意义是向孩子表达:"我注意到你有这个情绪,并且我接受有这个情绪的你。"

妈妈须明白,跟所有人一样,孩子有情绪也都是有原因的。对孩子来说,那些原因都很重要。尝试换到孩子的角度,你会更容易接受孩子的情绪。无论孩子怎样回应你,你都应该让孩子知道,你尊重并完全接受他的感受。

步骤2:分享

孩子们对情绪的认识不多,也没有足够和适当的文字描述情绪,要他们正确表达内心的感受是比较困难的。你可以提供一些情绪词汇,帮助孩子把那种无形的恐慌和不舒适的感觉转换成一些可以被下定义、有界限的情绪类别,刻画出自己当时的内心感受。

例如:"那让你觉得担心,对吗?""你觉得被人冤枉了,很愤怒,是吗?"

孩子越能精确地以言辞表达他们的感觉,就越能掌握处理情绪的能力。例如,当孩子生气时,他可能也感到失望、愤怒、混乱、妒忌等;当他感到难过时,可能也感到受伤害、被排斥、空虚、沮丧等。认识到这些情绪的存在,孩子便更容易了解和处理他们所面对的事情。

如果孩子急于说出事情的内容、始末、谁对谁错,你可以用语言把孩子带回到情绪部分。例如:"原来是这些使你这样不开心。来,先告诉我你心里的感觉怎样?""哦,怪不得你这样反应呢!现在你心里觉得怎样?"

步骤3:设范

设范是指为孩子的行为设立规范,即划出一个明确的范围,里面的是可以理解或接受的,而外面的则是不合适和不能接受的。

比如孩子受挫后打人、骂人或摔玩具,在了解这些行为背后的情绪并帮他描述感觉后,你应当使孩子明白,某些行为是不合适的,而且是不被容忍的。

例如："你对亮亮拿走你的游戏机感到生气,妈妈明白你的感觉。但是你打他就不对了。你想,你打了他,现在他也想打你,以后你俩就不能做朋友了,对吗?"对6岁以下的孩子,无须深入解释"不对"的理由,除非他主动发问。重要的是让孩子明白,他的行为是错误的,是不被允许的。所有的感受和期望都是可以被接受的,但并非所有的行为都可以被接受。

步骤4:策划

人生的每次经历都会让我们学到一些东西,使我们更有效地创造一个成功快乐的未来。不明白这个道理的人,总是抱怨人生处处不如意;而明白这个道理的人,则不断进步,享受人生,心境开朗,自信十足。

当孩子很小的时候,便应该教导他懂得这个道理,而经过上述的肯定、分享、设范三个阶段,现在正是恰当的时候。

此时,孩子已经领悟到:现在我知道我感觉糟糕的原因了,而且我知道引起这些不舒服感觉的问题在哪里,我应该怎样去处理这些问题呢?孩子需要一些时间去表达他的感受。耐心些,当孩子正努力地说出情绪时,不要打断他,鼓励他继续说下去。

当孩子有足够的情绪表达后,你会发现孩子的面部表情、身体语言、说话速度、音调、音量和语气等都会变得很舒缓。

待孩子的情绪稍微平静下来后,就可以继续引导他说出事情的细节。接下来,你就可以引导孩子找出更恰当的方法来处理负面的情绪。

先问孩子他想得到些什么,再与孩子一起讨论解决问题的方法。引导他自己想办法,帮助他作出最好的选择,鼓励他自己解决问题。

例如:"如果重新来过,除了打他,你能想到其他的方法吗?""下次发生同样的情况时,怎么做会更好?"以爽快和愉快的态度参与,与孩子一起解决问题。

2.情绪化的妈妈，说话没有分量

在公司里面，如果有人总是心情烦躁，对同事和下属非常情绪化，会有什么后果呢？这样的情况发生一次，就足以让周围同事知道这个人不能很好地控制情绪。

即使从前在别人眼里老实敦厚、情绪稳定的人，一旦发生一次这样的情况，马上就会降低周围人对他的评价，而且再也不能回到以前。

如果经常性地、日常性地情绪化，就会遭到周围同事的轻视。这个人说的话，大家不会予以关注，这个人的指示、指导也变得越发没有意义。为什么呢？因为这个人不具备指示指导别人的个性修养。

在孩子心中也一样。家长的话分量轻重，孩子们自有定论。父亲母亲的一言一行，在不同的家庭中分量是不同的。

有几个孩子因为家住得近，所以经常在一起玩儿。昨天在F家，今天在E家，每个家都去串门。

玩了一会儿，孩子们开始评论各家的母亲。有一个孩子就说："不管E君的妈妈说什么，我都会不由自主地去听从。""是啊，是啊。""我也不知道是怎么回事，但确实如此。""我也是。"然后F说，"我妈妈就不是这样，她说什么我都不在乎。""嗯，可不是嘛！"

E君的妈妈究竟是什么样的人呢？听了孩子们的话，你是不是会觉得她是位令人恐惧的母亲呢？实际上正好相反，那是一位十分稳重温柔的母亲。

那么，F君的妈妈又是怎样的母亲呢？大家也许猜得到，那是一位情绪波动十分强烈的母亲，不但经常训斥F，连一块儿玩耍的小朋友们也会遭殃。

F的妈妈总是大声喊叫："又不收拾！你究竟让我说几次你才明白啊！！"诸如此类。

E君的妈妈绝不会这样说话。

孩子们在不知不觉中给4位母亲排了顺序：E君的妈妈排第一，然后是G君的妈妈、H君的妈妈、F君的妈妈。孩子们不是有意识地进行排列，这完全是无意识的行为，是孩子们心底印象的自然流露。不可思议的是，每个孩子的心里，顺序竟然惊人的一致。

很多时候，妈妈生气、发怒似乎是为了调教孩子，"为了孩子好"，可是要知道，妈妈生气发怒，不仅不利于自己的身体健康，还可能对年幼的孩子造成很多负面的心理影响。

加拿大、英国和意大利的研究人员对一些一岁半到两岁的孩子进行了观察实验。他们让这些孩子在房间里和妈妈一起玩耍，同时让两个"托儿"在房间的另一头，先用正常的语调聊天，然后再用激烈的语调交谈。

他们发现，大人们用正常语调聊天，对孩子们几乎不会造成任何干扰，孩子们依然很投入地玩着他们的游戏。

可是，一旦听见有人在大声地、激烈地对话，孩子们马上就停止了说笑和游戏，他们有些惊恐地向那两个争吵的人看过去。并且随后，当孩子们再听见正常语调的交谈时，他们也会受到干扰，停止正在玩的游戏，分明是"一朝被蛇咬，十年怕井绳"的状态。

多伦多大学的肯杰斯博士认为，虽然这个年龄段的孩子还不懂得大人为什么要争吵，也不明白他们争吵些什么，但这并不意味着大人激烈的感情流露对孩子毫无影响。

害怕，是孩子们最先有的感觉。在妈妈面前，孩子是绝对的"弱者"，本来就有几分畏惧，更何况面前的妈妈正在发怒——瞪着眼珠，咬牙切齿，表情扭曲，头发像过了电似的根根竖起！想想都可怕！

"我爸爸发脾气的时候，我特别害怕，想找个地方躲起来，可是腿上没劲，再说也不敢，我怕他冲上来把我撕成两半！"

"我妈妈是火暴脾气，她一生气就披散着头发砸东西，和她平时完全不一样，好像变成了另外一个人！"

"我讨厌我爸爸，我都快上高中了，可他动不动还在我面前咆哮，以为这样我就能听他的话。他错了，我觉得他要是肯平静地跟我聊聊天，效果可能会更好。"

"我爸爸跟我发脾气的时候，我只觉得害怕，他跟我妈妈吵架的时候，我觉得更害怕，我担心他们会离婚。还有，我觉得自己很没用，要是我能像哈利·波特那样会魔法就好了，那样我就可以在他们吵架的时候施魔法，让他们别吵了……"

"我爸和我妈都是大嗓门儿，老是对我吼来喝去，我真是从小被'吼大'的，上个星期，我的几个好朋友突然不爱找我玩了，我还纳闷呢，结果有一个朋友给我打电话说，你太霸道了，他们几个说和你在一起不自在，你总以为你是老大，动不动就吼别人……"

孩子们是在和成年人的交往中，去观察、认识、学习如何与人打交道，怎样和别人交流的。这就和"近墨者黑，近朱者赤"的道理一样，长期生活在一种过于激烈或愤怒的情绪氛围下，不仅会使孩子感到害怕，还会影响他们的行为模式——他们不知道怎样才是正确的与人交往的方式，以为吼叫、发怒就是最佳、最自然的方式。

所以，妈妈们千万别图一时之快，在孩子心里留下这样的阴影。当然，做妈妈的如果偶尔有一次情绪失控并不会严重伤害孩子，不过一定要注意，等气消了，要找孩子好好聊聊，语调尽量温和些，这样既有利于真正解决问题，又有利于消除孩子心里的恐惧感。

3.用微笑陪伴孩子的成长

微笑是一个人健康形象最基本的标志。微笑可以化解各种各样的困难，可以消除、化解疲劳，更能消除心理上、生理上乃至人际关系的紧张。

有一个忧郁的人来到上帝面前问："上帝，告诉我吧，我如何才能跳出忧郁的深渊，在欢乐的大地上尽情玩耍？"

上帝说："请学会微笑吧，向所有的一切。"

忧郁者又问："可是，我为什么要微笑呢？我没有任何微笑的理由呀。"

上帝回答："当你第一次向人微笑时，不需要任何理由。"

忧郁者接着问："那么，第二次微笑呢？以后，我都要不需要任何理由地微笑吗？"

上帝意味深长地说："以后，微笑的理由会按它自己的理由来找你。"

于是，忧郁者走了，他决定按照上帝的指引去寻找微笑，去付出微笑。

半年过后，一个快乐者来到了上帝面前。

他告诉上帝，他就是半年前那个曾求教于上帝的忧郁者。

现在，他的脸上阳光灿烂，充满自信，他的嘴角总是挂着真诚的微笑。

"现在，你有微笑的理由了吗？"上帝笑问。

"太多了！"曾经的忧郁者说，"当我第一次试着把微笑送给那位我曾熟视无睹的送报者，而他还我以同样真诚的微笑时，我发现天是那么蓝，树是那么绿，送报者离去时哼的歌是那么动听！"

"当我第二次把微笑送给那位不小心把菜汤洒在我身上的侍者时，我收获了他发自内心的感激，我似乎看见了人与人之间流动着的温情，这温情驱散了我内心聚积着的阴云。"

"后来，我不再吝惜我的微笑，我把微笑送给街边孑然独行的老人，送给天真无邪的孩子，甚至送给那些曾经辱骂过我的人。我发现，我收获到了高于我所付出几倍的东西，这里面有赞美、感激、信任、尊重，也有某些人的自责和歉意。这都是人间最美好的情感，它让我更加自信、更加愉快，也更加愿意付出微笑。"

"你终于找到了微笑的理由。"上帝说，"假如你是一粒微笑的种子，那么，他人就是土地。"

他们相视而笑。

当你在生活中遇到无法解决的问题时，微笑是个不错的方法。比如，你跟别人争论得很厉害，气氛陷入了僵局。这时，你微笑一下，对方也微笑一下，氛围就会缓和很多。很多时候，双方争论的事情本身并不是什么大问题，之所以会越吵越凶，多是对立情绪造成的。这时，微笑就成了调整气氛的不二利器。

青青二年级时玩心甚重，学习成绩一落千丈，老师请家长的次数随着她成绩的一路下滑而不断地向上攀升。

老师每次请家长的理由都如出一辙：孩子成绩这么差可不行啊，一定要抓紧啊。

对此，青青妈妈只能信誓旦旦地保证，回去后一定好好管教孩子。但她心里却在强烈地抗议：不能打着应试教育的旗帜，把考试成绩作为衡量学习的唯一尺度。

"兴趣是最好的老师。"走在回家的路上时，青青妈妈把这句话在心里默念了几遍：不要怨责青青，青青不是比别人笨，只是对学习没有兴趣，这时她最需要的是鼓励。

经过这样的一番心理建设，推开家门看到青青躲闪的目光时，妈妈露出了温和的微笑。

青青小声支吾地问："老师说什么了？"

"老师夸你了，说你上课能专心听讲，按时完成作业，就是有时候理解力稍微差点。我们相信，这对你来说一点问题都没有。"青青妈妈兴致勃勃地说着，青青的小脸由最初的惊恐转为惊喜。

"妈妈，老师真夸我了？"青青的眸子亮了起来，妈妈使劲地点了点头，说："当然！你一定行！"

青青如释重负地走到书桌前，翻开书本，认真地写起作业来。

整个二年级，老师一共向青青妈妈告了7次状，每一次，青青妈妈都会把老师的"状纸"藏好，然后给青青一个欣赏的鼓励的微笑。

前几天，已升入六年级的青青告诉妈妈，"妈妈，我知道，老师常常在你面前告我的状，对不对？但你却总是鼓励我，我考30分时，你说下次考31分就是胜利；我考40分时，你说大有进步……"青青的声音有些颤抖，她转身拿出一张100分的卷子递给妈妈……

微笑不仅是一种表情，更是一种感情的流露。没有人会因为富有而抛弃它，也没有人因为贫穷而冷落它。微笑能让你的生活变得更加轻松，让别人得到温馨的享受。所以，妈妈们要善于用微笑对待孩子，你的孩子将受福于这一点。

4.把快乐传达给孩子

女人天生注重表达情感和想法的特质，让母亲更易于夸奖孩子、关注孩子情绪的变化、在意孩子心情是否愉快等，并且会把这种快乐的心态传达给孩子。

观察一下，你就会发现，那些阳光自信、充满乐观情绪的孩子，几乎无一例外地都拥有一位极其疼爱他们、并乐于赞美他们的母亲。父亲的爱或许更多的是含蓄与深沉，他在潜移默化中教会孩子形成正确的价值观与良好的品性，而母亲的爱与热情正好将这种力量激发了出来，使之发挥出最大的价值。

韩国18岁少女喜儿弹奏的钢琴曲非常动听，吸引了不少听众。

喜儿的双腿比正常人短，而且每只手上只有两根手指，她并不聪明，只有相当于7岁小孩的智力。但这个少女似乎对自己的命运很满意，她丝毫没有察觉自己的缺陷，还经常面带微笑和别人交流，而且非常刻苦地练习弹奏钢琴。在她看来，正是因为自己只有4根手指，所以很多人才喜欢听她演奏，她觉得幸福极了。

她喜欢自己，接纳自己，丝毫不在意旁人怪异的目光。这种健康快乐的心态源于她有一位懂得教育的妈妈。

曾经有记者采访喜儿的妈妈："当您第一次看到孩子的手指时，您是什么感受？"

妈妈说："我觉得我们家喜儿的手很漂亮，当她晃动两根手指时，就像绽放的花朵一样美丽，我经常对喜儿说：'宝贝，你的手指真漂亮，咱们换手指，好吗？'"

喜儿的妈妈丝毫不在意别人对喜儿的评价，她总是不停地告诉喜儿：“你的手指是世界上最漂亮的手指。”因此喜儿丝毫没有被身上的缺陷所伤害，她总是快快乐乐的。

喜儿的妈妈传达给孩子的不仅仅是一种快乐的情绪，更是一种积极的、快乐的生活态度。她凭借这快乐的态度演绎出了自己的精彩。

快乐的人也许不是出色的人，却是掌握了人生要义的人。他们知道怎样热爱生活，怎样让生命变得更有意义。拥有快乐的人是这个世界上最富有的人，所以，妈妈应该将快乐这种心态植入孩子的内心。

人生不如意者十有八九，在生活里，当你的孩子遇到不能改变的困难时，就告诉孩子改变自己的心态，让他们给自己装一个“快乐引擎”，让他们从日常平凡的生活中寻找和发现快乐。

下面几种调制快乐的方法，供给妈妈们参考。

（1）妈妈在日常生活中，要引导孩子不要害怕改变。

快乐的人不害怕生活中的改变，他们甚至会离开让自己感到安逸的生活环境，去寻求全新的生活感受。较少改变的人自然缺乏丰富的生活经历，也就难以感受到快乐。

妈妈要让孩子懂得，不抱怨的人才会有快乐。快乐的人并不比其他人拥有更多的快乐，只是因为他们对待生活和困难的态度不同，他们从不问“为什么”，而是问“为的是什么”，他们不会在“生活为什么对我如此不公平”的问题上作长时间的纠缠，而是努力去想解决问题的方法。

（2）友情是生活中的快乐元素之一，懂得感受友情的孩子才幸福。

一个人如果没有朋友的友谊，就会感到孤独寂寞。因此，人的生存需要朋友。遇到不愉快的事情或矛盾时，要多和朋友交流，商讨解决问题的办法。闲暇时，也可和朋友做一些有意义的活动，充实生活。事实证明，真正的友谊会给你带来幸福和快乐。

（3）快乐很简单，简单生活的孩子更能抓住快乐的尾巴。

时下有一个非常流行的理论，这个理论把天下所有的事分成了三件事：一件是"自己的事"，诸如：吃什么东西、开不开心、要不要帮助人……自己能安排的事皆属之；一件是"别人的事"，诸如：小王好吃懒做，老张对我很不满意，我帮助别人，别人却不感激……别人主导的事情皆属之；一件是"老天爷的事"。诸如：会不会刮风、下雨、地震、发生战争……人能力范围以外的事情，都属于老天爷的管辖范围。人的烦恼就是来自：忘了自己的事，爱管别人的事，担心老天爷的事。要轻松自在很简单：打理好"自己的事"，不去管"别人的事"，别操心"老天爷的事"。让你的孩子记住这个理论，他们的生活就会简单许多，生活越简单，他们就会越快乐。

5.和孩子一起用幽默装点生活

幽默的语言能给人以诙谐的情趣，又使人在笑意中有所领悟，因而幽默往往是缓解紧张、祛除畏惧、平息愤怒的最好方法。让孩子从小学会这种智慧，长大后就能在社交中游刃有余。

一个省议员有一次参加会议，主席台上某领导在做一篇很长的演讲，他觉得对方占用的时间太长，就走到对方跟前低声说："先生，请您能不能快点……"话未说完，那个正在演讲的领导便回过头来，用严厉的口气低声呵斥他道："你最好出去。"然后继续其演讲。这个省议员觉得受到了别人的侮辱，顿时怒气冲天。他迫不及待地想报复，但一时又找不到什么方法。于是，他就去找时任麻省省议员主席的柯立芝申诉："柯立芝先生，你听见某某刚刚对我说的话了吗？""听见了，"柯立芝不动声色地答道，"但是，我已经看过了有关的法律条文，你不必出去。"

这个回答实在是太聪明了，柯立芝把那位议员的愤怒当成了玩笑。他能不让自己卷入这种儿童式的争吵的旋涡中，就是因为他看出了这种无聊的争吵的幽默之处。因此，妈妈要让孩子明白：机智的人不仅善于以局外者的身份化解他人的争吵，更善于化解在与人交往时因发生矛盾而出现的僵局。

弗洛伊德说："最幽默的人，是最能适应的人。"

妈妈要学会掌握幽默这种智慧。在生活和教育孩子的过程中，总会遭遇痛苦和悲伤，如果你善于运用幽默的力量，能够主动地去创造幽默，那生活一定会充满欢笑。这样，孩子不仅能在一种愉悦的氛围中健康成长，还能从妈妈身上学习到这种处世的智慧，进而在面对别人的一些不适当的言行时，能够运用幽默的力量打破紧张的局面，使自己和对方的不愉快的心情在顷刻间烟消云散。

美国许多妈妈在婴儿刚刚出世才6周时便开始了他们独特的"早期幽默感训练"。

一个典型的例子是：当妈妈故意抱着孩子做"下坠"动作时，一些孩子在体会下落感的同时，还会无师自通地意识到是大人在跟自己闹着玩，小脸可能会漾起笑容。

1周岁左右的幼儿已对他人的脸部表情十分敏感。在他们学步摔倒时，不妨冲他们做个鬼脸以表示安抚——此时，他们往往会被你扮的鬼脸逗得破涕为笑。2周岁的幼儿已能从身体或物品的不和谐中发现幽默。

3岁幼儿的智力已发展到能认识不和谐中潜藏的幽默感。当妈妈故意戴上爸爸粗大的男式手表时，孩子见了就会一边摇头一边大笑不止。你还可以默许孩子装模作样戴上爷爷的大礼帽，手持拐杖，行步蹒跚，他会边模仿边大笑。4岁左右的幼儿特别喜欢"做家家"，或扮卡通人物。当你发现你的儿子与邻家小女孩正在快活地扮演王子和公主角色，并演得十分投入时，你不仅不能阻拦，自己还可以客串进来扮演个坏蛋之类的小角色。

待孩子长到5岁至6岁时，便可能开始对语言中的幽默成分十分敏感。如，同音异义词和双关语的巧用，绕口令的学习，都能使他们感到趣味盎然。与此同时，你也应该鼓励孩子学习猜谜，甚至由孩子自己编一些简单的文字谜语。7岁的孩子大多已上学，他们往往喜欢讲笑话、听笑话。如果此时大人们能有所引导，让孩子们知道什么是粗俗、什么是幽默，那当然更是明智之举。8岁以后的孩子已初具幽默感。妈妈应注意倾听孩子回家后讲述的有关学校生活的小笑话，并发出会心的欢笑。这也是一种妈妈对孩子的幽默感做出的肯定。

曾经有位女学生对妈妈坦言心中的苦恼："我从来不为任何明星的风采所倾倒，可自从周杰伦出现后，我萌发了今生今世非他不嫁的念头，我该怎么办？"

他妈妈诙谐地对她说："成人之美乃传统美德，我当然乐意成全我女儿的终身大事。但遗憾的是，你已是非周杰伦不嫁的第9999个姑娘，如果他跟9998个姑娘离婚之后，我会很乐意让你带上丰厚的嫁妆嫁给你心爱的人，好吗？"

就这寥寥数语使这位姑娘羞涩地笑了起来，很快走出了痴迷与狂热。

这就是幽默的神奇功效。这个妈妈平时一直将幽默风趣融于家庭教育中，家庭气氛和谐融洽，女儿才会敞开心扉将心中的困惑告诉妈妈。而在传统的中国式疾言厉色教育的家庭中，由于缺少轻松和谐的氛围，孩子更多地倾向于将心中的困惑写在日记本上或是告诉同龄人，而妈妈却因此失去了和孩子沟通交流及时施教的机会。

这位妈妈的几句话看似夸张却完全符合生活逻辑，看似戏虐却又不失真诚。女儿自然会欣然领受，幡然醒悟。如果板起面孔说教一番或是直接予以批评，也许只会使她疏远你或是产生逆反心理，从而破坏轻松和谐的家庭氛围。

6.走出愧疚情结，不要试图成为完美妈妈

为了给孩子更好的生活，为了自己的人生规划……出于种种原因，很多妈妈在休完产假，或者是等孩子稍微大点之后，就重新做起了上班族。

上班族妈妈自然比不得SOHO（居家办公）妈妈自在，更比不得全职妈妈轻闲。虽然每个月有钞票准时划入账户，但为此牺牲了大把与孩子在一起的时间。好多妈妈自上班第一天起，就有了一种"愧疚情结"，此情结类似咖啡，醇香，提神，又有点苦涩。喝下去，短时间内精力充沛，大大提高工作效率，可是时间长了，就难以戒掉。

妈妈的愧疚情结是可以理解的，毕竟，那么可爱的宝贝，他小小的心里总是装着妈妈，而妈妈好像很狠心的样子，把他托付给保姆或者爷爷奶奶，心里自然会感到沉重。尤其是每天早上要出门上班时，孩子舍不得让妈妈走，看着孩子仰着满是泪水的小脸，眼神里是"妈妈别走"

的渴求,妈妈的心恐怕都要碎了。这时候是妈妈最觉得愧对孩子的时候。如果妈妈的工作需要加班,回家晚,或者需要出差,好些日子才能见到孩子,妈妈的愧疚感会更深。可是,立即辞掉工作做一个全职妈妈,似乎也不现实。

愧疚情结会使妈妈变得敏感、自责,在教育孩子的问题上,稍有大意,便会念念不忘。比如,忘了及时给孩子热奶,买零食;由于一时疏忽,孩子碰到了桌角……一旦遇到这些事,妈妈便会觉得对不住孩子。其实,妈妈在孩子面前表现得越愧疚,越想弥补对孩子的爱,孩子就会越任性,越依赖妈妈,久久不能独立。

所以,妈妈要学会收起这种内心的挣扎,别太苛求自己做一个完美妈妈。

每当有愧疚感袭来时,你可以尝试这样做。

(1) 找出自己外出工作的原因,先确认选择的正确性。

你要明白,到底是什么原因让你告别全职妈妈再次踏入职场。这些因素可能是热爱工作、需要经济来源、想发展属于自己的事业、想为孩子树立一个好榜样、个性上不适合做全职妈妈……只有确认你当初的选择是正确的,你才能为自己找到开心工作的理由。

(2) 别钻牛角尖,换个角度看事情。

妈妈别总是按照一种思维来想事情,钻牛角尖,如此,你内心愧疚满满,"对不住孩子"的念头就会像恶魔一样盘旋在你的脑子里。你可以这样想:"我在家的话,肯定总是看着孩子,这也要管,那也要管,反而让孩子不自由,有压力。而我踏踏实实上班,倒也是件好事情,距离产生美嘛。还有,专职带孩子累但没效率,我上班,也是趁机喘口气,下了班反而更珍惜陪伴孩子的机会。这样看来,上班倒是好事情!"

(3) 妈妈自己要有主见,莫听他人七嘴八舌。

谁家都难免被人议论,你的邻居也许就是个长舌妇。这些人可能会说："你看看她，为了工作，连孩子都不管了，多没责任感啊！"听到这些，你心里肯定不舒服。不过，何必计较呢？与其把精力放在计较闲言碎语上，不如用来和宝宝说话。

（4）拒做"长假妈妈"和"物质妈妈"。

"我太忙"是很多职场妈妈的口头禅。由于"忙"，她们几乎很少在家做饭，每天还得加班，应酬客户，回到家已经是晚上10点之后了。她们是典型的"出得了厅堂，入不了厨房"。平日里，她们根本就挤不出时间来照顾孩子，于是把孩子送到娘家、婆家，还有更"心狠"的，把孩子放进寄宿学校，直接交给老师了事。

其实，妈妈之所以这么忙，也是为了孩子，想好好工作多挣钱，让孩子过上更好的生活。可是这样一来，妈妈就成了"长假妈妈"，孩子只有周末和长假时才能看到妈妈，其余的时候，只能眼巴巴羡慕别的孩子有爸爸妈妈陪在身边。

当然，天下的妈妈没有不爱孩子的，与孩子聚少离多，妈妈们自然心里难受，觉得自己没有好好尽母亲的责任，怎么办？多数上班妈妈会选择在当"长假妈妈"的同时，也做一个"物质妈妈"，即孩子要什么，只要妈妈能用钱买到的，统统不是问题。

朵朵爸爸、妈妈都是做销售工作的，需要经常出差，晚上的时间也多花在应酬上，所以，他们只能把朵朵放到爷爷奶奶家里，周末的时候再把朵朵接回来。

一到周末这两天，朵朵的妈妈摇身一变，成了专职妈妈，她帮朵朵洗澡，陪她玩游戏，给她买各种各样的东西，芭比娃娃、花园宝宝、《不一样的卡梅拉》系列读物、购物广告上的各种小零食……她想用这短短的两天来弥补不在孩子身边的亏欠。

不过，相比爸爸妈妈，朵朵更愿意和爷爷奶奶在一起。4岁的她虽然渴望像别的小孩子那样，和爸爸妈妈在一起，可是一见到爸爸妈妈，一种陌生感就会不自觉地冒出来。

朵朵妈妈看得出来女儿并不喜欢他们，对他们一点儿也不满意。一天，她向同事抱怨孩子不爱她，同事颇有同感，也说出了自己的故事：

"你们本地人比我们好多了。你也知道，我和跳跳他爸都是外地人，更不容易，孩子6个月大时，我们把他送回了老家。我们每年过年才回家，每年和儿子在一起的时间也就是年假那几天。儿子总是躲到爷爷奶奶的身后用陌生的眼光看着我，甚至连"爸爸""妈妈"都不肯叫，晚上也不让我和他爸哄他入睡。几天之后，他好不容易和我们熟悉了，但我们马上又要离开。爷爷奶奶一些不好的生活习惯也影响到了儿子，随地吐痰、衣着邋遢等，我真担心。我们心里不好受，经常在这里买各种名牌的衣服、鞋子、玩具给儿子寄回去，听他爷爷奶奶说，他收到东西很高兴，只有这时候，我们才觉得能给孩子带来些快乐。"

不可否认，"长假妈妈"和"物质妈妈"们有不得已的苦衷，她们希望通过自己奋斗得来的金钱，能让孩子过上更好的生活。但过度以物质的方式来代替爱，显然不是一个好方法。孩子们会认为，妈妈最看重的是钱，不是自己。与此同时，他们也会不自觉地把物质看成是至高无上的。并且，0~6岁是孩子正常依恋心理的形成时期，妈妈如果很少与孩子接触，孩子的这种依恋心理就会缺失，容易出现多动、孤独症等心理疾病，等妈妈发现已为时已晚。

(5) 把满足孩子的情感需求放在第一位。

现在的孩子总是显得很冷漠，为什么？因为父母太忙了，忙于打拼，忙于开拓事业，所以给他们的关爱就少了些，他们在成长过程中情感自然会变得冷漠。孩子的错都是妈妈的错，这点一定要注意。

如果妈妈工作真的很忙，在不能陪伴孩子的时候最好先跟孩子讲明，你不妨告诉孩子："妈妈真的好想陪你一起做游戏，一起读书，一起散步，可妈妈有非常重要的事情要做，等妈妈忙完后，咱们一起去玩好吗?"

最好不要用物质来作为爱的补偿，你可以通过电话或是录音的方式跟孩子沟通，告诉孩子自己现在正在忙些什么事情，要让孩子知道无论何时，妈妈都在惦记着他。哪怕他睡着了，第二天也要告诉他，妈妈看你睡得好熟就没打扰，但妈妈真的很爱你。

7.换个角度，工作和"孩奴"都快乐

一个孩子"消灭"一座房子，一座房子"消灭"一个巴菲特! 年轻的80后小夫妻继"房奴""卡奴""车奴"之后，又以龙卷风似的速度沦为"孩奴"和"上班奴"。上班族妈妈真的很恐慌，眼瞅着自己还未脱离"幼稚的孩子"时期，可是瘦削的肩膀上已经压下来千斤重担，身兼众多"奴"，疲于奔命，不敢失业，不敢生病，不敢辞职，不敢出去旅游，不敢胡乱花钱……

一部曾经热播的电视剧中，主人公说："每天一睁开眼，就有一串数字蹦出脑海：房贷6000，吃穿用2500，孩子上幼儿园1500，人情往来600，交通费580，物业管理400，手机费250，还有煤气水电费200。也就是说，从我苏醒的第一个呼吸起，我每天要至少进账400。这就是我活在这个城市的成本。"

"我现在的这个阶段，叫作疲于奔命!"一个上班族妈妈叹息说。她

一大清早给孩子冲奶粉、洗刷奶瓶、洗尿布、洗衣服、做饭，在忙完这一系列的事情之后，她匆匆赶地铁，要在这个"罐头瓶"里待一个小时，才匆匆迈进公司大门。然后一刻也不敢休息，神速投入工作状态中，一天下来，筋疲力尽。回到家中，又是一阵忙乱，晚上10点，孩子入睡，可她不能睡，要看书，要充电，就为了保住工作。什么梦想，什么希望，什么意义，全都被活生生的现实剥掉了一层皮。

这位上班族妈妈的状态还算正常，还有的上班族妈妈因为成为"孩奴"压力太大，承受不了，得了抑郁症。她们满脑子都是"孩奴"的标签，每天拼命挣钱养孩子，她们恐惧未来，恐惧未老先衰，抑郁寡欢，状况实在不佳。

一个孩子对小伙伴说："我不快乐，我没有高兴的事。"这句话落入正在阳台晾衣服的妈妈耳中，她不由得打了个寒战。

之前，曾经的闺蜜对她说："你家孩子为什么看上去总是闷闷不乐的？是不是你工作太忙，忽略了他？"当时这位妈妈只是一笑了之，心想：小孩子家哪懂什么快乐不快乐的。家里堆积如山的野战玩具、电脑、游戏机、名牌衣服，他还是麦当劳、肯德基的小常客……如果这些还不叫快乐，那什么才叫快乐？

而今，她听到孩子的话，心里怎么也无法平静下来。她向在外地出差的丈夫抱怨："我一个人既要上班，又要照顾孩子，好辛苦。你总是帮不上忙，你知道今天孩子说什么了吗？"接着，这位妈妈把孩子的话叙述给丈夫听。丈夫听了，却笑着说："我怎么倒觉得我儿子的话这么耳熟呢！好像从哪儿听过。"这位妈妈突然反应过来，这不就是自己一贯的口头禅吗？总是习惯向朋友、家人抱怨生活太苦，上班太累，孩子太令人操心……

原来是自己不经意间把不快乐的心情传染给了孩子，一个整日不高兴的母亲，怎么能培养出一个有幸福感的孩子呢？

事实就是如此，妈妈的负面情绪会直接影响到孩子的情绪健康。

一位快要做妈妈的女人害怕孩子出生，她说："你们不知道，一个活得不快乐的妈妈会带给孩子多大压力！我就是看着爸爸妈妈愁眉苦脸长大的，我一直活在不快乐中，你们知道我有多害怕做妈妈吗？"而已经做了妈妈的云则对自己的妈妈充满感谢："因为我看到的永远是一位快快乐乐、追求自己生活目标的妈妈，所以我也一直对生活、对一切充满信心。"

做"孩奴"的确会让上班族妈妈们失去一些东西，但是孩子也给妈妈们带来了意想不到的快乐。上班族妈妈，你何不将心态修葺一番，好好感受当下的快乐？

上班族妈妈完全可以换种心态来生活，养育孩子与好好工作并不矛盾，孩子是动力，是奋斗的意义。看着孩子从呱呱落地到第一次开口叫你"妈妈"，妈妈见证着他的点滴成长，这是件多么幸福的事。自己为了孩子努力工作，打拼生活，这又是何等的惬意。事实上，你哪里还有时间去抱怨呢？每天的日子虽然平淡，却裹着甜甜的味道，你只需细细品味。你仔细想想，没有孩子之前，你是怎么一种生活状态，可能有大把的时间和金钱去挥霍青春，可能没什么压力，但你也动力不足啊！而有了孩子之后，你不也更懂得奋斗的意义了吗？还是好好享受这种为孩子打拼的感觉吧！

孩子就是福星，他会在逼着你奋斗的同时，让你学会经营人生。有了孩子，自然会感觉到经济压力大，你感慨"不敢失业，不敢生病，不敢辞职，不敢出去旅游，不敢胡乱挥霍……"这也是一件好事，你没发现吗？因为不敢生病，所以你注重锻炼，吃绿色环保食物，体质变好了；因为不敢辞职，所以你努力工作，逼着自己去挑战，去奋斗，因此得到了提拔，得到了更多的机会；因为不敢出去旅游，不敢胡乱挥霍，所以你学会了储蓄，学会了理财，也更学会了挣钱。这些都是孩子带给你的礼物！

第七章

『孩子气』的妈妈——站在孩子的角度看世界

就算做了妈妈，也可以"孩子气"地生活。生活中不用处处过于严格与严肃，你可以与孩子玩成一片，你可以唱歌、跳舞、画画、剪纸；你可以从很小的事件中为孩子挖掘出新意，你乐于发现有趣的事件。

1.多带孩子亲近大自然

每个孩子都有与生俱来的好奇心,也都有与生俱来对大自然的热爱。然而,随着现代科技的飞速发展,高楼、汽车、电视、网络以及做不完的功课,这些都横亘于孩子走向大自然的路上,挡住了孩子眺望自然的眼睛,阻断了孩子走向自然的脚步,让孩子不知不觉与自然疏离了。

其实,孩子应该经常接触大自然,体验与天空、田野、山峦、树木、动物等自然之物相交流带来的快乐。温暖的阳光、清新的空气,不仅有利于孩子的健康,自然中美丽的红花绿草也能吸引孩子的注意力,引发孩子的思维和想象,给孩子留下深刻的印象,在潜移默化中促进孩子的能力发展。

为了培养孩子对大自然的感情,一有时间,妈妈就带李铮到野外去玩,而且一边玩,一边引导李铮观察各种自然现象。没有时间出去时,妈妈也不忘引导李铮观察身边的景物。

比如,在送李铮上学的路上,妈妈就引导李铮一边观察风云变幻的天空,一边练习想象作文。李铮在妈妈的引导下进行口头写作:"天上的云真美,那么白,那么轻,就像一堆堆好吃的棉花糖。天上的云真调皮,一会儿像往南奔跑的小鹿,一会儿又像翩翩起舞的仙鹤。天上的云真忙,一会儿到南方开会,一会儿又到北方集训……"

李铮在对风、云、雨、雪等自然现象的观察中,不但锻炼了口头作文的能力,更增进了对大自然的感情。

亲近大自然是人类的本性，即使是习惯于现代化生活的人，也会对大自然有一份特别的偏爱。就像我们看到孩子堆沙丘一样，不过就是一堆沙，他们却能玩得不亦乐乎，而一些具有声光效果的玩具孩子玩几次就腻了。这也在告诉我们，最单纯的东西反而可以创造出更多的变化。

有人说，现在的孩子性情浮躁、感情脆弱、自私冷漠。但是，如果能让孩子们走出高高的围墙，放下厚厚的书卷，离开虚拟的网络世界，走进大自然，亲近大自然，到大自然中尽情玩耍，那么，他们就会找到医治以上病症的最好良药。

妈妈应经常带孩子到户外大自然中活动，即使是到大自然中单纯地聆听与欣赏，对孩子来说也是一种别样的感受。可以带孩子到野外，有意识地帮助孩子认识自然，让孩子运用各种感官观察自然界，比如摸摸树叶，听听风声、雨声或虫鸣，或让孩子用双眼观察自然，看看云的变化，看看花开花谢，并引导孩子说说他感受到的自然是什么样的。

除了引导孩子观赏接触自然，妈妈还应让孩子懂得照顾自然。虽然身处都市中，但也可以和孩子在阳台上种一些简单的植物，比如栽种大蒜，并记录大蒜的生长情况。也可以让孩子饲养一些宠物，如果空间允许，小猫、小狗等都是很受小朋友欢迎的小动物。也可以养小乌龟或小鱼等，让孩子体会到饲养小动物的乐趣和责任感，让他体会生命成长的可贵。

引导孩子亲近大自然，还能激发孩子保护大自然的意识。比如，看到路边的小花小草，妈妈要告诉孩子不要采摘，不要践踏，要珍爱它们；看到草丛中的小动物，也要小心呵护，懂得珍惜生命。

孩子置身于大自然当中，所受到的这些引导和教育也最容易产生效果，孩子也能从内心爱护自然，保护环境。

亲近大自然可以让孩子获得身心的愉悦，并能培养孩子高尚的情操。妈妈应经常带孩子到大自然中去，陪孩子嗅嗅青草香，享受阳光洒在身上与微风吹拂肌肤的感觉，让孩子感受到自然的美好，并懂得爱护自然，爱护我们的环境。

2.发挥创造性思维，做智慧妈妈

生活是琐碎的堆积，妈妈们习惯了生活的琐碎，习惯了一贯的行事风格，这样一来，就不想去寻找新的出路或者为自己的生活增添一些新奇。而孩子的成长过程是需要新奇玩意儿出现的，故此，妈妈们必须发挥自己的创造性思维，多为家庭生活创造一些惊喜，给孩子创造更多进行思考的机会。

刘梅去朋友家做客，朋友十分热情地迎她入门。一进家门，她看到朋友的妻子在包饺子，笑着打完招呼后，问道："是不是中午要请我吃饺子呀？"朋友的妻子也十分热情，笑着答道："对啊。"此时，刘梅发现饺子的形状奇形怪状，有的像老鼠，有的像葵花。她更加好奇了，问朋友的妻子怎么包出这么多花样。朋友的妻子笑着说道："我的女儿琪琪有些挑食，而饺子的营养价值挺高的，为了让她不挑食，我特意将饺子包得好看一些，这样她就会吃得多一些。"听完她的话，刘梅心想：这个女人真是太聪明了，中午的饺子，小琪琪一定会吃很多。

热腾腾的饺子端上了桌子，琪琪正好从朋友家回来，她盯着桌子上的饺子不开心地说道："又吃饺子呀？我不想吃。"此时，只听朋友的妻子说道："这可是你说的哦，等会儿可别后悔。"

4个人坐定，刘梅和朋友夫妻两人都吃了起来，琪琪还是愣在一旁。此时，她似乎发现了什么，指着盘子里的饺子说道："妈妈，葵花，那个饺子长得跟葵花一样。"朋友的妻子笑着说道："这是妈妈专门给琪琪包的，可琪琪还说不吃。"

不等朋友的妻子说完，琪琪的筷子已经伸向了那个长得葵花的饺子，琪琪边吃边叫道："真香。"最后，琪琪将所有奇形怪状的饺子都吃了，吃完之后还要求妈妈下次包饺子的时候叫上她。

从朋友家出来，刘梅回想着吃饺子的那一幕，心中不由得感叹朋友的妻子是一位智慧的妈妈。

在生活中，如果妈妈们无法满足孩子的好奇心，孩子势必会进行一些反抗。就拿琪琪不吃饺子来讲，如果妈妈不知道用办法勾起她的好奇心，"诱惑"她去吃，她是不会吃的。

妈妈们为孩子创造新奇玩意儿，到底有什么好处呢？

首先，有利于激发孩子的好奇心，这对孩子的思维形成是有一定帮助的。尤其是在孩子产生好奇后，进行求知的过程是有助于孩子的成长和智力开发的。

其次，有助于拉近亲子距离。当孩子渐渐与母亲感情疏远之后，妈妈们不妨以此拉近彼此距离。

最后，可以让家庭生活更加丰富多彩。很多妈妈都会抱怨自己的家庭生活过于平淡，此时不妨进行这方面的创新，这有利于为生活制造新的闪光点。

一位妈妈和儿子分开了5年，孩子一直在老家由奶奶照看，在孩子10岁的时候，妈妈将儿子接到了身边。此时，孩子已经上小学了，妈妈发现儿子很少和自己亲近。妈妈因为这件事情十分苦恼，后来，她想出了一个办法。

这天，她提早下班回家，去了花鸟市场，在市场上买回了一只乌龟。回到家中，她将这只乌龟放进了不大不小的鱼缸中，并将鱼缸放进了儿子的房间。儿子放学后走进自己的房间写作业，突然看到了桌子上的乌龟，兴奋地叫了起来："有只乌龟。"

儿子跑到妈妈面前，问是不是妈妈买给自己的。此时，儿子突然跟妈妈交谈了起来，说道："在奶奶家的时候，我也养了一只乌龟，可是后来生病死了。这只乌龟，我一定好好养，一定要把它养大。"

从那之后，母子之间开始围绕着这只乌龟进行交流，渐渐地，两个人的关系变得越来越融洽，儿子也越来越愿意和妈妈交流了。

智慧妈妈懂得利用小方法来让孩子变得快乐。在平淡的生活中，妈妈们有责任让生活充满新奇，这不仅是为了孩子，也是为了你的生活变得更加丰富，家庭成员之间变得更加和睦。

以下几个小招数可供参考：

（1）饭菜出新招：将胡萝卜片雕刻成各种形状，比如小草、小猪、小树等，在炒菜的时候放进去。

（2）早上孩子的起床问题让很多妈妈感到困扰，妈妈们完全可以用碗或者杯子做手机扩音器，将手机放进去，早上可以当闹钟，很响。即便孩子想睡懒觉，手机也不允许。

（3）生活中突发情况很多，比如当妈妈们给孩子烧好了热水，孩子正好去洗澡的时候，突然发现浴室里的喷头坏了。此时，妈妈们不妨用矿泉水瓶直接套在喷水管子上，将瓶子底部打上一些小孔，这样，自制的喷头就做好了，孩子也可以继续洗澡了。

3.让孩子感受到妈妈的心灵手巧

每个妈妈都希望成为孩子心中的骄傲和榜样。虽然妈妈不可能成为"超人"，但在很多时候，要做到让孩子信服，就要做一些孩子认为不平常的事情。这并不仅仅是为了让孩子敬佩自己，更多的是为了让亲子关系变得更加融洽，培养孩子的动手和创造能力。

智慧妈妈多半是心灵手巧的，不仅能将家庭事务打理得有条不紊，还能给孩子制作出新鲜玩意儿。

苏苏的女儿说道："我喜欢妈妈给我织的毛衣，因为她织的毛衣穿起来很舒服也很合身。平时我一点也不喜欢穿高领毛衣，因为穿上去脖子感觉很难受，和针刺一样。但我妈妈织出来的高领毛衣却不是这样，好像施了魔法一样，穿进去感觉软软的、暖暖的，一点针刺的感觉都没有。"

在女儿眼中，妈妈长着一双巧手，无论什么事情都能做得很好。

不仅如此，她还在作文里这样写：

我的妈妈年轻漂亮，她不仅长一双明亮的大眼睛，还有一双勤劳的手。妈妈每天白天要上班，晚上下班还要做很多家务，她是那么的辛苦。

妈妈不但勤劳，还是一个勤俭持家的能手。

今年夏天，妈妈收拾装满我衣服的衣橱柜，收拾出了好多春天穿的小裤子，这些裤子都是去年买的。妈妈将我叫到卧室，让我试衣服，可能是由于我长得太快，裤子短了一大截。

只听妈妈惋惜地说："多可惜的裤子呀，才穿了一两次，还跟新的差不多。"随后，妈妈便将所有变短的裤子都拿到了自己的房间，只听房间里发出"咔嚓、咔嚓"的声音，随后听到家里的缝纫机发出了"嗒嗒嗒……"的声音。过了两个小时，妈妈又将我叫到了卧室，我发现，这次妈妈手中拿的有七分裤，也有短裤。每个"新"裤子上都有漂亮的图案，原来，妈妈将那些变短的裤子进行了"改造"。

当我穿上妈妈亲手给我改做的新裤子时，我在镜子面前不停地转着圈，简直不敢相信自己的眼睛。此时，我不得不佩服妈妈，她的手是如此的巧。我非常喜欢这些"新裤子"，后来，这些妈妈缝制的裤子成为我夏天最爱的衣物。

妈妈真是一位心灵手巧、勤俭持家的好妈妈。妈妈，做您的女儿，我感到很幸福、很自豪！

孩子是天真的，也是直爽的，他们不会隐藏自己的心情，更不会掩饰对妈妈的感情。一个心灵手巧的妈妈会成为孩子学习的榜样，也会让孩子引以为荣，感受到来自妈妈的智慧。

"我们没有理由去拒绝孩子合理的请求或者是要求。"这是一个妈妈的原话，"一天，我女儿拿着一双穿破的袜子，说让我给她缝补一下。我拿过来看了一下，发现两只袜子都已经洗得变了颜色，在每双袜子的大拇指部位都有一个小洞，我问她可不可以扔了，还主动说妈妈给你买新袜子。我以为这样女儿会更开心，没想到女儿却说：'妈妈，小丽的妈妈手可巧了，小丽的袜子破了，她妈妈都是给她缝好的，还在破的地方绣上了漂亮的图案。'听了女儿的话，我知道了她的心思。随后，我也尽力将袜子缝好，并且绣上了两个小蝴蝶。女儿拿到缝好的袜子开心不已，叫嚷着让我教她做针线活儿。"

妈妈们需要为孩子的生活负责，而负责的方式并不是单纯地提供给孩子多么好的物质生活，而是要让孩子明白如何解决事情。

那么，在生活中，妈妈们如何才能让孩子感受到自己的心灵手巧呢？

第一，废旧衣物变新时装。

心灵手巧的妈妈不会允许家中存放很多废旧的衣物。随着孩子的身体发育和成长，衣橱里会有很多孩子穿不了的衣服，这些衣服多半没穿几次，还是八成新，扔了太可惜。此时，妈妈不妨将这些衣服拿出来，给孩子设计成新样子的衣服，比如将短了的裤子修剪成短裤，将袖子短了的长袖改成短袖和吊带。这样不仅能够减少开支，还能给孩子增添一些衣服。

第二，旧款式增添时尚元素。

孩子的有些衣服可能因为款式太老了，孩子不爱穿。此时，心灵手巧的妈妈不妨给这些衣服加上一些时尚元素，比如，在短袖下面加上一圈蕾丝边，在毛衣上缝上小挂件等。

在孩子的心目中，妈妈不仅是自己的亲人，更是自己生活中的榜样。如果妈妈尝试做一些手工活儿，孩子也会主动参与其中。比如，当妈妈给孩子缝补衣服的时候，孩子会学着妈妈的样子，给自己的布娃娃缝制衣服，甚至会邀请妈妈一起给布娃娃做衣服，这就间接地培养了孩子的创新能力和动手能力。

4.让亲子"阅读"变成"悦读"

"天堂的样子就是图书馆的样子。"这是阿根廷作家博尔赫斯对于书籍美好的赞颂。在书籍的天堂里，还有一个特别的存在，那就是童书。

童书是孩子最早接触的书籍,能让孩子在憨态可掬的卡通形象中体味到世间的真善美,更能润物细无声地让孩子感受到读书的快乐,养成受益终身的阅读习惯。

"读书如树木,不可求骤长。"中国家庭,尤其是城市家庭,已经开始普遍关注儿童的成长教育,调查显示,家长支持鼓励孩子阅读的比例超过80%,但是83%的家长不能理解儿童阅读活动的正确含义,这与家长的功利性不无关系。很多家长在不知不觉中剥夺了孩子阅读的乐趣。

很多妈妈对孩子的教育功利色彩太浓,以至于给孩子们选书时,更多考虑知识性、是否帮助提升作文水平、能否有助升学等。而出版乱象颇多,比如,当海外拿奖、名人推荐成为销量的保证时,出版商自然更瞄准这些书外的东西,买榜渐成潜规则,短篇精品却难出版;而销售不错的童书,出版社往往会一拥而上,一个系列一出就十来本,还分男孩版、女孩版。这也从客观上增加了妈妈们挑选书籍的难度。

孩子不喜欢阅读,绝大部分原因是家长没有根据孩子的年龄、心理选择适合他们的书籍,更有偏激者认为看书就是为了学习而不是领略阅读的乐趣。

在亲子阅读的过程中,如果想让"阅读"变成"悦读",从第一关的选书开始,就要坚持以儿童视角为本:要选择理解儿童的、能表达真实情感和真实情绪的;选择儿童感到有趣的、美好的、幽默的,能触动儿童心灵的;选择能给儿童带来温暖的启迪和安慰的。

一个不会看书不爱看书的妈妈真的能教出爱看书的孩子吗?

"你看,这是什么?"

"告诉妈妈,这是什么动物?你知道的,我教过你。"

"想想看,他对不对?"

"他为什么这么做啊?"

以上的互动反映出了大人可能有这样的想法：第一，阅读就是要知道各种知识；第二，不明白孩子是否真正理解书上的内容；第三，简单认为，这就是互动。

产生这样行为的原因在于，大人把亲子阅读中的大人和孩子的关系看成教与被教的关系。殊不知，亲子阅读中，大人和孩子的关系是平等分享的关系。只有如此，才能营造出温馨、愉悦的阅读氛围。详细点说，绘本本来就是为孩子的阅读而买，妈妈不过是帮助写书的人把这个故事传递给孩子，所以，绘本的亲子阅读应该是分享阅读的快乐，而不是通过这个绘本即时考核孩子懂得了多少。

考试性阅读的坏处多多。

首先，从大人口里问出的这些问题，大多是大人想要孩子知道的，很可能会破坏孩子阅读的连贯性和沉浸书中的情感体验。

其次，大人问问题，对孩子思维的发散性是一个很大的限制，因为你看问题的角度本来就定性了，提出的问题也很单一，没有听到问题的孩子，可能看到画面就会天马行空地理解和想象。

最后，不恰当的问题提多了，孩子答不上来或者感觉无兴趣，就会产生阅读焦虑感，看到书就紧张焦虑，并演变成拒绝接触阅读。

在认字敏感期到来之前，点读字的阅读也是不恰当的。

阅读的眼动研究发现，3岁及3岁前的孩子，无论是在大人的陪伴下阅读还是独自阅读，他们对文字都没有兴趣，而是从图画里搜索信息。也就是说，大人点读不点读对幼儿来说毫无意义。不仅如此，这还是放弃森林捡了片树叶的做法（其实连树叶都捡不到）。绘本对孩子的意义在于呈现会说故事的图画，孩子的形象思维被那些具有情节的图画带动，让思维自由徜徉，然后按照自己的兴趣和理解能力去关注角色，关注他们在做什么，图画里有什么好玩的。这才是孩子的阅读。不要背离孩子的心理去执着于那几个字的认识。

当然，到了认字敏感期，孩子指着字很想知道这是什么字的时候，妈妈就可以图文结合地和孩子玩认字认句的游戏了。

"家里的书他都不看！"带着这样语气控诉的妈妈，通常的做法是把书交给孩子，自己去做别的事情。

事实上，要孩子达到真正意义上的独立阅读，必须度过一个"共同阅读"时期，没有哪个孩子可以例外。

有人做过这样的差异化研究，有妈妈陪伴的阅读和没有妈妈陪伴的阅读，前者的孩子爱上阅读、建立阅读习惯可能更容易。书不是吸引孩子眼球让孩子无法自拔的电视，放着他看，你离开就可以。如果孩子能有一个亲子陪伴的共同阅读期，并且坚持得越好，间断性越短，那孩子就越容易自主地独立阅读。而阅读的力量也会在孩子的小学、初中以及将来体现得淋漓尽致。人生是长跑，无所谓输赢，但是，在长跑中支撑自己的精神力量之一是阅读带来的，这是至关重要的。

基于以上所说的不恰当的阅读给孩子带来的种种负面影响来看，不恰当的亲子阅读还不如不读，葆有孩子的天真无知或许更好。因为很多所谓的成功者，包括爱因斯坦之类的，在童年时期的发展都出现了某些方面的滞后。所以这么总结，也是希望有不恰当做法的部分家长能理解并纠正。

苏联教育家苏霍姆林斯基曾经说过："让孩子变聪明的方法，不是补课，不是增加作业量，而是阅读，阅读，再阅读。"爱好读书是一个能让孩子终身受益的好习惯。

爱读书的孩子，每当摊开一本好书，他们总会情不自禁地陶冶在淡淡的书香中，书里的每一个文字都会掀起他情感的浪花，将他的喜怒哀乐释放在字里行间，生活的感受会被他理性地接受，即使有疑惑也会得到所学知识的阐释。因此，你会发现，爱读书的孩子，愚钝会受到启蒙,懒惰也能得到医治;爱读书的孩子不会乱说话,言必有据,他的推理会变得合情合理,而不是人云亦云、信口雌黄。

爱读书的孩子就像蜜蜂采蜜一样,他们不喜欢总盯在一处,而会博览群书,在书中寻找到"为什么",也喜欢将自己的猜想假设或者结论在书籍中得到证明。

爱读书的孩子做事会思考,知道怎样才能想出办法,会科学地拒绝盲目,会把杂乱无章的事情理得很有头绪,抓住事物的要害,寻找到解决问题的办法。

爱读书的孩子是生活里的佼佼者,他们的未来将会一片光明。

5.用童心欣赏孩子的奇思妙想

孩子虽然没有成人那么多的知识经验,却可能更富有想象力,因为他们少有固定的"答案"与"思维模式"。想象力成长所需的土壤是宽容的、放松的、自由的与多样的。因此,如果孩子对一个你早已认为不是问题的问题思考时,请允许他的"奇思妙想"。

妈妈正在做包子,5岁的小女儿坐在小凳子上看着,女儿忽然提了一个问题:"星星是从哪儿来的?"

妈妈没有急于回答,而是说:"你想想看。"

女儿出神地注视着妈妈揉面的动作。妈妈揉面,揪面团,擀面饼,包包子……

看了好一阵子,女儿突然说:"我知道星星是怎么做出来的了,是用做月亮剩下的东西做的。"

妈妈听了，先是愣了一下，然后特别激动地亲吻了自己的女儿："宝贝，你的想象真奇特。"

爸爸听了这件事以后也非常高兴，拉过女儿给她讲女娲造人的传说……

但在现实生活中，孩子的"奇思妙想"常常会遭到大人的打击——

"星星本来就有，有什么好想的，快点背书吧！"

"你就会想这些乱七八糟的东西，老师讲的却什么也不知道。"

"你去看看书上怎么写的！"

……

大人们在不知不觉中将孩子引入了一个不需要想象只需要记忆的世界，最终，这些孩子也变得和大多数人一样，只会重复前人的知识与技能，不会突破与创造。所以，如果妈妈们认为想象力非常重要，就要留意生活中的点点滴滴，留意你对孩子"奇思妙想"的反应。

国庆节，黄炜随母亲去广州旅游。出门时，福州的气温有些低，黄炜多穿了一件夹克衫。不料，广州当地气温较高，他只好把外套脱下，塞进手提包里。

从广州回来后，爱动脑筋的黄炜琢磨开了：出门旅游，衣服带多了累赘，带少了又担心天气变冷，怎么办？一天，他背起书桌上的书包时，突然来了灵感，能不能将外套改装成背包？在家长和同学看来，他纯属"胡思乱想"，但这个想法却引起了学校科技指导老师的重视。

很快，在母亲的陪同下，黄炜在商场花100多元买了夹克衫、书包、拉链及钥匙扣等材料，连夜绘图、测算、加工及缝制。他将衣服的袖子藏起来，拉链拉上，再把衣服的上下封死，同时加上2个背带。3天后，一件神奇的背包御寒两用夹克衫正式"出炉"。只见这件衣服像大背包，藏蓝色，防水布的面料；拉开边上的4道拉链，抖两下，背包立刻变成了一件米白色的夹克衫。

2009年8月，第18届全国发明展览会在昆明举行。在45个展出团展出的1700多项各类发明项目中，黄炜的"背包御寒两用夹克衫"脱颖而出，获得了金奖。

特别值得一提的是，展会组委会认为，黄炜的发明创造具有较高的科学性、新颖性和适用性。一旦上市，必然会受到广大旅游者的追捧，拥有广阔的市场。

随后，在学校老师的建议和指导下，黄炜将"背包御寒两用夹克衫"申请了专利，并获得了相关部门的批准，"胡思乱想"变成了"奇思妙想"。

孩子经常会有一些奇怪的想法和念头，这些想法也许看起来很荒唐，甚至不着边际，却是孩子创造性思维的体现。妈妈应鼓励、赏识孩子的奇思妙想，并引导他按照自己的想法去试试看。

天天和几个小伙伴在家里玩，天天的妈妈给了他们每人一盒牛奶。

喝完牛奶后，天天兴奋地对妈妈说："妈妈，您看，这个盒子像不像一条船？"

"怎么会像一条船呢？"妈妈问。

"如果把盒子剪去一半，然后在两头糊上三角形的纸，不就成了一条船吗？"天天天真地说。

"好啊！那你先把盒子洗干净，然后来做一条船吧！"妈妈说。

天天把盒子洗干净后，妈妈给他拿来了卡纸、剪刀和胶水。天天做得很认真，没一会儿，一条像模像样的船就做成了。天天高兴地说：

"这是我的新玩具。"

其他的孩子大受鼓舞,纷纷说:"阿姨,我能做飞机!""阿姨,我能做汽车!"

"现在,你们也给自己做个新玩具吧!"天天的妈妈鼓励他们。

不一会儿,孩子们就把做好的东西摆在了桌上,他们仰着头,充满期待地看着天天的妈妈。她赞扬了每个孩子,并告诉他们:"平时只要多动脑筋,发挥你们的想象力和创造力,许多物品都可以变废为宝。"

很多伟大的发明创造都是先有了所谓的痴人说梦般的幻想才得以实现的。因此,父母不要斥责孩子的异想天开,应鼓励他大胆联想,表达自己的独立见解,并引导其将想法付诸实践。

有些妈妈认为孩子的怪念头是在胡闹,并为此阻止和训斥他们。这样就把孩子的创新意识扼杀在了摇篮之中,不利于孩子日后创新思维的发展,还易使其形成刻板、固守陈规的行事风格。

因此,当孩子以自己的奇怪想法做出超出常规的事时,只要不是危险或负面的行为,父母就应给予鼓励。即使孩子的行为被众人不屑,你也应该做出正面、积极的评价,引导他继续思考,找到改进的方法。这样才能使孩子刚刚破土而出的想象力、创造力的幼苗得到保护,进而茁壮成长。

6.陪孩子一起发现世界的秘密

著名教育家陶行知先生曾碰到过这样一件事:一位母亲对他抱怨说,她的儿子非常淘气,把一块贵重金表给拆坏了,她把儿子打了一顿。陶行先生当即说："可惜呀，中国的爱迪生让你给枪毙了。"陶行知先生的这番话确实道出了目前在家庭教育中，父母是怎样无意识地扼杀了孩子可贵的好奇心的。

"朱朱真是太不听话了，差点放火把家烧了。"妈妈刚进门，奶奶就气呼呼地来告状。再看朱朱，正一脸无辜地瞪着奶奶："我没有放火，我是在做实验。"

这是怎么一回事呢？原来奶奶煮面条时，朱朱偷偷拿了几根，放在煤气灶上点着了，接着又点燃了客厅里的报纸。等到奶奶发现时，报纸上的火苗直蹿，差点烧到茶几。奶奶将朱朱训了一顿，谁知孩子非但不认错，反而责怪奶奶破坏了她的实验。

妈妈拉过女儿，问她想做什么试验。女儿说：在幼儿园上课的时候，老师讲过水能扑灭火，就想动手试一下。她刚把报纸烧着，还没来得及用水去浇，奶奶就把火给踩灭了，她很不高兴。

妈妈拿了一只瓦盆，又叫女儿拿了几张报纸，告诉她，妈妈要和她一起做实验。女儿一听，高兴得又蹦又跳，赶紧去抽了几根面条。很快，面条在煤气灶上烧着了，随后，妈妈请女儿点燃瓦盆里的报纸，火苗在报纸上跳动着，等烧得正旺的时候，女儿接了一盆水，对着报纸浇了下去——火，真的熄灭了。女儿激动地大喊："妈妈妈妈，水真的能灭火呀！"她的眼睛兴奋得闪闪发光，她一次次地点燃报纸，又一次次地用水浇灭……实验的成功令她心花怒放。

实验结束后，妈妈拉着女儿说："你看，火多厉害啊，能烧报纸、烧茶几、烧衣服，还能烧家里的许多东西。要是烧了起来，咱家多危险啊。小朋友一个人在家时，绝对不能玩火，知道吗？"

"我知道，火是非常危险的，我们老师还叫它'火老虎'呢。"女儿毫不犹豫地一口气回答，"我还知道火能把高楼大厦烧掉，能把人烧死。"

"对，火还能把人烧死，所以小朋友不能玩。"妈妈盯着女儿的眼睛，严肃地告诫道。

在每一件看似荒唐的事情背后，都有孩子独特的思维方式，有孩子对世界的探索与研究。这时，妈妈所要做的就是尽量用孩子的眼光来看待他，用孩子的心灵来理解他。

古希腊一位哲人说过：头脑不是一个要被填满的容器，而是一把需要点燃的火把。好奇是孩子的天性，妈妈在教育孩子的时候，要避免灌输式的教育，否则，只会让孩子变成一台应试机器，让孩子失去最宝贵的好奇心，失去主动求知的欲望。生活中，当孩子兴奋地向你报告他们的新发现时，你要明白，这些发现非常宝贵，它不仅表明孩子对世界充满好奇，也表明他们在观察和思考。如果孩子问到超出他的年龄应知道的事，怎么办呢？不要责备他，因为孩子并不知道什么该问、什么不该问。

有位妈妈的做法很好，每逢孩子问到现在无法给孩子说清的问题时，她就告诉孩子："我把这个问题记下来了，到了你15岁的时候，我就会回答你。"对这个问题，也许以后用不着父母回答，他自己慢慢就能明白，但这种做法让孩子感到他的提问受到了尊重和鼓励。赏识孩子的新奇发现，能更好地激发孩子的求知欲望，让孩子对学习更有兴趣，因为一个丰富多彩、充满奥秘的世界正在前方等着他去探索呢！

一位教育名家曾说过："孩子天生就是个探险家。"婴儿从呱呱落地便开始了对这个世界的探索，他们张开眼睛打量着这个世界，用耳朵聆听周围的一切声音。他们用手触摸、用嘴品味，努力调动身体的所有感官来认知这个世界。他们对未知的事物充满好奇，渴望在探索中发现奇迹。可生活中，不少家长却有意无意地阻止、限制孩子的探索行为，理由不外乎几点：危险、脏、给大人添麻烦、弄坏东西等。然而，这种种理由都不能成为限制孩子探索的理由。因为孩子需要在探索中了解世界、认识世界，通过探索获取进步，而危险可以预防，脏了可以洗干净。虽说会麻烦，但比起孩子的发展，那又算得了什么！

7.守护孩子的纯真梦想

一个多才多艺的孩子比不上一个身心健康、快乐成长的孩子。当孩子的童年充斥着各种辅导班，小小年纪便要为各种考试加分项目忙碌时，他怎么会感受到生活的快乐呢？所谓的兴趣也披上了功利的外衣。一个对音乐不感兴趣的孩子将来能成为音乐家吗？一个对奥数反感的孩子将来会成为数学家吗？根本不会，那只会浪费孩子宝贵的童年时光。

黄女士是典型的"虎妈"，对孩子要求特别严格。今年9月新学期开学，女儿暗示她："你注意到我QQ签名的变化了吗？"黄女士发现，女儿的QQ签名从过去的"我想成为芭比"改成了"我要上清华北大"。尽管其他家长对孩子的举动全是褒赞，但黄女士却乐不起来。"很明显，孩子这么做是为了取悦我和她爸爸，还有群里的家长，她希望得到我们的表扬。"黄女士愁闷地对朋友说，和同龄孩子相比，女儿显得成熟、稳重得多，才7岁的她已经学会了迎合，"我觉得这不是好事，一定是我的教育出了问题，或者是孩子在哪里接触了她不该接触的东西。"随后，老师与孩子进行了对话才知道，孩子自己是真心想上清华北大，希望这样能让父母高兴，因为父母平时在家很少笑。

黄女士的担忧引起了很多人的讨论，到底是孩子太世故，还是家长们总是用成人世界的思维去衡量孩子的一言一行？

无论是孩子QQ签名的变化，还是孩子平时的言行举止，可能孩子只是童言无忌，而在大人看来却带有功利和世故的色彩。孩子的世界很简单，并没有家长们想象的那么复杂，他们只是想真诚地表达自己内心的情感，这并没有什么过错。家长需要留意孩子成长过程中一点一滴的变化，但这并不表示要对孩子的任何言行都过分担心。家长在关注孩子成长的同时，也要注意给孩子一定的成长空间，不应该用成人的眼光去破坏这份童真的美好。

瑞恩是加拿大一个普通家庭的一个普通男孩。6岁的小瑞恩读小学一年级时，听老师讲述非洲的生活状况：孩子们没有玩具，没有足够的食物和药品，很多人甚至喝不上洁净的水，成千上万的人因为喝了受污染的水死去……

老师说："我们的每一分钱都可以帮助他们：一分钱可以买一支铅笔，60分就够一个孩子两个月的医药开销，两块钱能买一条毯子，70加元（约合380元人民币）就可以帮他们挖一口井……"

瑞恩深感震惊，他想为非洲的孩子挖一口井。

不过，他的妈妈并没有直接给他这笔钱，也没有把这个想法当成小孩子头脑一时发热的冲动。妈妈对瑞恩说："家里一时拿不出70加元。你要捐70加元是好的，但你需要付出劳动。"妈妈让他自己来挣这笔钱，妈妈说："孩子，你要多干一些活儿，多承担一些家务，慢慢地积攒，积攒到一定时候，就能够有这些钱了。"瑞恩说："好，我一定多干活儿。"

于是，瑞恩开始在正常家务之外做更多的事。哥哥和弟弟出去玩，他吸了两小时地毯挣了两块钱；全家人都去看电影，他留在家里擦玻璃赚到第二个两块钱；他还要一大早爬起来帮爷爷捡松果，帮邻居捡暴风雪后的树枝……

瑞恩坚持了4个月，终于攒够了70加元，交给了相关的国际组织。

然而，工作人员告诉他："70加元只够买一个水泵，挖一口井要2000加元。"

小小年纪的瑞恩没有放弃，他开始继续努力。一年多以后，在家人和朋友的帮助下，他终于筹集了足够的钱，在乌干达的安格鲁小学附近捐助了一口水井。

事情至此并没有结束，因为还有更多的人喝不上干净的水，瑞恩决定攒钱买一台钻井机，以便更快地挖更多的水井。让每一个非洲人都喝上洁净的水成了瑞恩的梦想，他真的坚持了下去。

瑞恩的故事被登上了报纸。于是，5年后，一个6岁孩子的梦想竟成为了千百人参加进来的一项事业。2001年3月，一个名为"瑞恩的井"的基金会正式成立。如今，基金会筹款已达近百万加元，为非洲国家建造了30多口井。这个普通的男孩，也被评为"北美洲十大少年英雄"，被人称为"加拿大的灵魂"，影响着越来越多的人去爱和帮助他人。

在故事的开始，瑞恩的妈妈不是替孩子承担，不是替孩子去实现爱心，而是让孩子为他的爱心付出一份诚实的劳动。这样才是真正的爱心。

瑞恩成了名人后，他的父母控制了很多活动，不让孩子过多地在荣誉光环之下飘飘然，让他仍像其他孩子一样生活。所以，瑞恩虽然成了世界的一个小名人，但是他依然像一个单纯自然的孩子，过着充满童真的生活。珍惜孩子的爱心，这值得所有妈妈学习。

第八章

「大气」的妈妈——培养孩子良好的心理素质

当孩子与其他小朋友发生矛盾时，你是"大气"的妈妈，你以大事化小、小事化了的原则处理，不得理不饶人，懂得教会孩子学会宽容，学会用微笑化解矛盾。

1.帮助孩子克服嫉妒心

德国有一句谚语："好嫉妒的人会因为邻居的身体发福而越发憔悴。"一位法国作家则说："嫉妒是万恶之源，怀有嫉妒心的人不会有丝毫同情。"

有个人幸运地遇见了上帝。上帝对他说："从现在起，我可以满足你的任何愿望，但你的邻居会得到双份。"那人听了喜不自禁，但仔细一想后，心里很不平衡："要是我得了一份田产，那邻居就会得到两份田产；要是我得了一箱金子，那他就会得到两箱金子……"那人想来想去，不知该提什么愿望，因为他实在不甘心让邻居占便宜。最后，他咬咬牙对上帝说："万能的主啊，请挖去我的一只眼珠吧！"

这就是一种典型的嫉妒心态在作祟，为了不使邻居占上一点儿便宜，他丢掉了上帝对他的恩赐；为了让邻居承受更大的痛苦，他宁愿选择自己也受苦。真是人性的悲哀！如果让人类的这种心态恶性循环下去，所有美好的东西都将成为嫉妒的陪葬品。

"嫉妒"是指认为别人在某些方面比自己强，并认为可能会危及自己的利益而引起的忌恨与不满，它是一种原始的情感，是人类心理中的动物本能性表现。嫉妒心强是心理发育幼稚的表现。有人把嫉妒心严重的人称为"不成熟"的人或"缺乏社会性"的人。

法国大思想家卢梭曾说："人除了希望自己幸福之外，还喜欢看到别人不幸。"

嫉妒心理是一种较为普遍而又不太正常的心理，它不同于正常的好胜心和进取心。正常的好胜心和进取心，是当别人比自己强时，他会用心找到自己不如人的薄弱环节，力争创造条件超越别人。具有嫉妒型性格的人，喜欢怀疑，心理压抑；对人嫉妒、疑神疑鬼、以自我为中心，不易相处，固执己见，不易接受别人的意见；处事刚愎自用，容易急躁。他们经常感到自己某一方面不如对方，或自己在某一方面受到了侵害——但多数情况是无根据的怀疑。更可怕的是，嫉妒的人常常会采取错误、偏激的行动。

一个朝气蓬勃的人，一旦受到嫉妒情绪的侵袭，往往会头脑糊涂，甚至丧失理智，处处以损害别人来求得对自己的补偿，以致干出种种蠢事来。嫉妒不仅危害嫉妒者本人，对于一个集体来说，它还是团结的腐蚀剂。嫉妒具有极大的分化力量，它会使集体四分五裂，成为一盘散沙。一个班级如果有几个好嫉妒的同学，就会矛盾层出，摩擦不断。可以毫不夸张地说，嫉妒就像一条暗藏在心灵深处的毒蛇，它不仅分泌毒汁腐蚀自己的心灵，还会不时地钻出来伤害别人。因此，嫉妒一向受到人们的唾弃与斥责。

为了孩子的健康成长，妈妈必须帮助他克服嫉妒的性格和心理，具体可从如下方面努力。

(1) 要培养孩子分析思考问题的能力，使孩子的理智得到较好的发展。

如果妈妈设法使自己的孩子养成分析问题、研究问题的习惯，孩子的情感就会不断丰富，心理就会日趋成熟。由此，妈妈会发现，即使你的孩子对某人产生了嫉妒心理，也会很快被理智的思考所抑制。

(2) 要教给孩子客观地看待和分析问题的方法，使孩子能够正确地认识自己，正确地对待别人。

平时，妈妈要有意识地设置环境，创造氛围，让孩子从日常的生活中和妈妈的处世哲学中，认识到一个人的才华、能力再多、再强，也是有限的，在大千世界中，"强中更有强中手"，"人人不如己，处处占上风，事事要拔尖"的人，事实上是没有的。如此，就算孩子在某些方面不如别人，也能泰然处之。

（3）要陶冶孩子的"海涵度量"和"气质风度"，使孩子具有博大的胸怀。

一般情况下，有嫉妒心理的孩子，自身都有一定的性格弱点。如与人交往时，喜欢让所有人围着自己转；当不能成为社交中心时，就会发脾气；喜好受人称赞，当听到有人夸别人时，就不高兴；不会感谢人，易受外界影响；等等。

对有性格弱点的孩子，妈妈要悉心引导。在孩子面前，对获得成功的人多加赞美，并热情鼓励孩子虚心学习他人长处，积极支持孩子通过自己的努力去超越别人，战胜自己，使孩子的嫉妒心理得到正当的发泄。千万不可盲目抬高孩子，贬低别人，以满足孩子暂时的心理平衡。对遭到不幸的人尽力给予同情，不可纵容孩子幸灾乐祸，以助长孩子的嫉妒心理。当孩子遭受挫折时，既不能简单粗暴地帮孩子解决问题，也不能视而不见，要耐心地同孩子一起进行认真的理性分析，帮助孩子找到失败的原因，支持孩子再作努力，从而使孩子经得起任何风吹浪打，对别人的成功感到由衷的高兴，对他人的不幸给予深切的同情，对自己的失败具有再造成功的信心。绝不可让孩子怨天尤人，垂头丧气，一蹶不振。

（4）要增强孩子的竞争意识，使孩子在强手面前、在困难当中、在挫败之时，仍能以坚强的意志去顽强拼搏。

社会心理学家的一项研究发现，成就最大和最小的人之间最明显的差异，不在于智力水平，而在于是否敢于竞争、敢于拼搏。而嫉妒心理是敢于竞争与拼搏的障碍。妈妈要使自己的孩子在人生的长河中始终立于不败之地，就要注重在日常生活、学习中，着力启发孩子学习胜者，见贤思齐，同时具备迎难而上、经得住磨难的精神，切莫害怕孩子吃了苦、受了难，这样才能逐渐削弱孩子的嫉妒心理。

(5) 教孩子将嫉妒化为正确的积极向上的行动。

王明和李亮，在大学还没毕业时都是班级里的优等生，但到了工作岗位上，两人渐渐显出了差别，王明在很短的时间内便做出了比较显著的成绩，而李亮表现平平。于是，在别人赞扬王明的时候，李亮便在心里生出一种说不出来的味道，总是有意无意地说一些对方这也不行、那也不好的话。

有一次，李亮在说王明不是的时候，一个长者严肃地对他说："年轻人，要努力赶上人家才对，怎么能嫉妒人家呢？你和他一样，都是年轻人，他能做到的，你为什么不能超过他呢？"长者的话使李亮如梦方醒。之后，他刻苦发奋，从心里鼓足了劲，决心要赶上超过王明。经过一段努力，李亮也在工作中取得了很大的成绩。

将嫉妒转化为鞭策自己、激发潜能的动力，必将取得长足的进步。由此看来，引导孩子如何将嫉妒化为正确的积极向上的行动才是明智的。

2.有教养的孩子懂得忍让

忍让是中华民族的传统美德，是具有良好修养的表现，它能使人与人之间的关系更加和谐。对不影响大局的小争端，互相忍让是解决问题的捷径。

清朝康熙年间，桐城人张英官至文华殿大学士兼礼部尚书。老家的邻居叶府是桐城另一大户，主人是与张英同朝供职的叶侍郎，两家因院墙发生纠纷。张老夫人写信给张英，试图倚仗他的权势压倒对方。张英见信深感忧虑，回复老夫人："千里修书只为墙，让他三尺又何妨。万里长城今犹在，不见当年秦始皇。"家人读罢，深感惭愧，于是，张老夫人令家丁后退三尺筑墙。叶府闻知此事，很受感动，命家人也把院墙后移三尺。这样，两家之间就形成了一个六尺宽的巷子。从此，张、叶两府消除隔阂，成通家之谊，"六尺巷"也成为千古佳话。

这个故事告诉我们：让步既是一种境界，也是一种智慧。

有位青年脾气暴躁，比较易怒，还常喜欢跟别人打架，因此，很多人都不喜欢他。

有一天，这位青年无意中游荡到大德寺，碰巧听到一休禅师正在说法。他听完后发誓痛改前非，于是对禅师说："师父，我以后再也不跟人发生口角了，免得人见人烦，就算是别人往我脸上吐口水，我也会忍耐地擦去，默默地承受！"

一休禅师听了青年的话，笑着说："何必呢？就让唾沫自己干了吧，何必去擦掉呢？"

青年听了，有些惊讶，于是问禅师："那怎么可能呢？为什么要这样忍受啊？"

一休禅师说："这没有什么不能忍受的，你就把它当作蚊虫之类停在脸上，不值与它打架或者骂它，虽然被吐了唾沫，但并不是什么侮辱，就微笑地接受吧！"

青年又问："如果对方不是吐唾沫，而是用拳头打过来，那可怎么办呢?"

一休禅师回答："这不一样嘛! 不要太在意! 这只不过一拳而已。"

青年听了，认为一休禅师说的实在是没有道理，终于忍耐不住，忽然举起拳头，向一休禅师的头上打去，并问："和尚，现在怎么样?"

一休禅师非常关切地说："我的头硬得像石头，没什么感觉，倒是你的手大概打疼了吧?"

青年一时间愣在了那里，无话可说。

有句话说得好：忍他人之不能忍，方为人上之人。忍，实在是一种高深的处世之道。小忍可以避免争端，大忍可以大事化小，并且可以修身养性。所以，要以宽广的心胸去待人处世，逐步养成宽怀大度的品质。

德国音乐家辛姆洛克说过："忍耐之草是苦的，但最终会结出甘甜而柔软的果实。"忍让是智慧和善良的表现，它并非懦弱无能，而是自信、坚强和识大体的表现。

忍让是一种对人生的豁达，是一个人有涵养的重要表现。俗话说得好："退一步海阔天空。"因此，妈妈应该让孩子学会忍让。不管是在什么时间、什么地方，妈妈都要告诫孩子，不要和别人争强斗胜。给别人让一条路，就是给自己留一条路。

龙龙从学校回到家里，妈妈看到他嘟着嘴，一副很委屈的样子，就问怎么了。龙龙告诉妈妈："昨天杨刚借我的魔法棒玩，今天还给我的时候，里面的电池都没电了。他怎么能这样呢? 我自己都知道节约着用，他却一口气给我用到没电。"

说完，龙龙就呜呜地哭了起来。妈妈搂过他，轻声问道："那杨刚有没有向你道歉呢?"龙龙说："他说'对不起'了，可是道歉有什么用呀，电池不还是没用了吗？"

见儿子这么委屈，龙龙的妈妈继续安慰了一会儿，然后对他说："宝贝，电池没了还可以再买，何必因为几节电池伤了同学和气呢？等周末妈妈有时间就去商店给你买电池，先耽误你玩两天魔法棒，没问题吧？"

听了妈妈的话，龙龙渐渐停止了哭泣。妈妈趁热打铁，继续说道："你想想，前些天你把淘淘的遥控汽车弄坏了，淘淘不是还对你说'没什么'吗？妈妈希望你也能向淘淘学习，大度些，原谅杨刚。本来你让杨刚玩魔法棒，是为了表现你的友好，杨刚也会因此而开心，可是因为几节电池就闹得不愉快，岂不是得不偿失吗？"

龙龙似有所悟，他对妈妈说："我现在就给杨刚打电话，就今天对他不满的事向他道歉。"让龙龙没想到的是，杨刚回家和父母说了这件事后，他的爸爸妈妈赶紧拿出家里的电池，让杨刚第二天带给龙龙。

现在的孩子在家里受到父母、爷爷奶奶等人的过度溺爱，太过于以自我为中心，受不得半点委屈，更加不懂得与人相处时应该宽容和忍让，导致他们稍微遇到一点外界的刺激便会怒火爆发。除此之外，妈妈对孩子的错误教育方式也是导致孩子有这种反应的重要原因。一些妈妈怕孩子在外受气，便告诉孩子："谁打你你就打谁。"这种错误的观念让孩子学会了打击报复。

古语说得好："君子忍人之所不能忍，容人之所不能容，处人之所不能处。"在生活中，有些孩子由于缺少生活的阅历，对一些事情的认识还处于表面的水平，处理问题的时候往往被急躁、冲动的情绪包围，不懂得宽容别人。

为了让孩子学会忍让，父母在平时的教育过程中，可以从以下几方面做起。

（1）正确对待孩子之间的矛盾。

妈妈要正确对待孩子之间的矛盾。孩子是不能缺少玩伴的，同时，孩子之间又很容易产生矛盾。能否正确对待孩子之间的矛盾，对培养孩子宽容的品质十分重要。正确的做法应该是，在孩子与别的孩子产生矛盾的时候，如果过错在自家孩子，妈妈应该主动带孩子去给对方认错；如果自家孩子吃了亏，过错在对方身上，也不能表现得过分激动，更不要冲动地去为孩子"讨个说法"，应该在宽慰孩子的同时分析矛盾产生的原因，把避免矛盾的方法和解决矛盾的途径教给孩子，而不是去争个"强弱"，比个"高低"。

（2）摆正孩子在家庭中的位置。

要让孩子学会忍让，妈妈就要教育孩子摆正自己在家庭中的位置，让他懂得他只是家庭中的普通一员，不能对他娇惯，不能无限度地满足他的愿望，不能给他特殊权利。要让孩子心中有他人，不要总是以"我"为中心，一切只顾自己。必要时，可以让孩子有一些吃亏让步的体验，以锻炼孩子的克制能力。

（3）营造一个良好的环境。

妈妈要营造一个良好的家庭环境。就像什么样的土壤适合什么样的庄稼生长一样，一个整天吵闹不休的家庭是很难培养出一个宽宏大量的孩子的。民主、平等、宽松的家庭环境，有利于孩子形成宽容忍让的品质。要让孩子理解和尊重自己的长辈，体谅长辈的辛苦，珍惜长辈的劳动成果和对自己的爱护。家庭成员间要友爱宽容，让孩子从小就生活在一个温馨、和谐、友爱、宽容的家庭环境中，使其在潜移默化的影响中，逐步形成稳定的宽容忍让的良好品质。

3.放弃猜疑，大度的孩子受欢迎

孩子一旦掉进猜疑的陷阱，必定处处神经过敏，事事捕风捉影，对他人失去信任，对自己也同样心生疑窦，这种不正常的心理现象，会直接影响到孩子的身心发展，妨碍其人际关系的和谐。

小楼是小学五年级的学生，性格较孤僻。他总觉得周围的人跟自己过不去，特别是班上的同学和老师，她看谁都不顺眼。如果有同学从她身边经过不向她打招呼，她就会想：不和我打招呼，准是自以为自己了不得，看不起我；看到同学们聚在一起谈笑，她就猜大家是不是在议论她；课间有同学不小心轻轻碰她一下，她就会与对方发生争吵，说对方是故意冲着她来，要欺负她；如果老师在处理这些事情时稍指出她的不对之处，她就会认为老师在偏袒对方。由于她长期寡言少语，脸上极少有笑容，与同学格格不入，所以，她在班上没有好朋友，成绩也很普通。她认为自己是一个很不幸、很无辜的人，她对别人没有任何恶意，却总是受到别人的伤害，世上没有人喜欢她。

猜疑是人性的弱点之一，是对人、对事没有进行客观的了解之前，进行主观的假设与推测的非理智的判断过程。孩子爱猜疑是一种对周围世界极度不信任的心理表现，体现为孩子对周围事物极为敏感，并且易从消极方面去思维。如当别人聚在一块悄悄说话时，好猜疑者会怀疑他们正在讲自己的坏话；好猜疑者告诉朋友一个秘密后，会不停地想他是否会讲给别人听；如果朋友近来对他的态度冷淡一些，好猜疑者会觉得他可能对自己有了看法；等等。具有这种心理问题的孩子，面对世界上的各种事物，只要有不完美的地方，哪怕只有1%的可能，他们都会当成100%的可能去怀疑、担心、害怕。

那么，孩子爱猜疑的原因是什么？首先，这与其个性心理特点有关，一般来说，具有抑郁型气质的孩子比较郁闷、爱猜疑，他们行为孤僻，多愁善感，善于觉察别人不易觉察的细节；其次，孩子爱猜疑也与辨别是非的能力有关，即是非观念模糊，容易多疑，辨别是非能力强则不易多疑；存在误会和隔阂也是爱猜疑的重要原因，在日常生活中，孩子之间、孩子与成人之间难免会产生误会和隔阂。

猜疑是害人害己的祸根，是卑鄙灵魂的伙伴。一个人如果掉进猜疑的陷阱，必定处处神经过敏，事事捕风捉影，对他人失去信任，对自己也同样心生疑窦，损害正常的人际关系，影响个人的身心健康。处处猜疑，最终只会徒增自己的烦恼和痛苦，使自己众叛亲离，落个自怜自艾的悲惨下场。

一个周日的早上，小林在寝室收拾衣服时，将衣服堆放在了旁边小江的床上，为此，小江朝小林瞪了一眼。其实，小林并没有看到小江瞪自己，其他同学也没注意。但小江瞪完就后悔了，因为他怕其他同学看见。这时，正好有一位同学抬头看了一眼小江，小江不好意思地笑了笑。

这之后，小江心里很是担心，怕同学说自己太小气。于是，小江一整天都在注意其他同学的反应，也不出去玩。恰好看他那位同学又问他："你今天怎么没有出去玩啊？"小江认为那位同学说这话是想让他走开，好和别人议论他刚才瞪眼的事儿。晚上大家一起去吃饭，小江回来晚了点，其他人正说笑着，也就没有向他打招呼，他以为他们是说好了不理他。第二天到教室，小江又发现同学用异样的目光看着他。他心想：坏了，他们一定对全班同学说了，这下，全班同学都知道我是个小心眼的人了。

自此之后，一到教室，只要听到同学们在笑，小江就认为是在笑自己；他坐在教室的前面，担心别人在背后说他的坏话；坐在教室后面，他又认为前面的人回头就是看他，然后再讲他的坏话。在这种心绪的折磨下，小江整天坐立不安，连睡觉也不踏实，因为怕睡着后别人讲他的坏话。不久，小江患上了失眠性神经衰弱，学习成绩也大幅下降。这时，他先想到的居然还是别人会因成绩下降而嘲笑他。

英国哲学家培根说过："猜疑之心犹如蝙蝠，总是在黑暗中起飞。这种心情使人迷乱，扰乱人的心智。它能使你陷入迷惘，混淆敌友，从而破坏你的生活和事业。"

对于猜疑心过重的孩子，妈妈要从以下的几个方面来帮助其克服。

(1) 引导孩子进行换位思考。

教育孩子用客观的态度审时度势，打消由先入为主的假定所引起的心理定式，头脑冷静、客观、公正地分析事物，防止消极的自我暗示。引导孩子进行换位思考，以体验他人的心理感受，避免走极端，总认为别人针对自己。

(2) 多给孩子安排集体活动。

为孩子创造愉快的人际心理环境，尽量多安排他参加集体活动，让孩子多与他人接触交往，通过谈话、共同游戏等活动帮助孩子与周围的人进行情感交流，培养孩子与同伴之间的信任情感。如果方便的话，还可以邀请那些"嫌疑人员"和孩子一起参加活动，以增进彼此之间的了解，避免无谓的猜疑和误会。

(3) 要提醒孩子注意调查分析。

俗语说"耳听为虚，眼见为实"，当孩子对别人有所猜疑的时候，父母不妨建议孩子主动去了解别人的真实想法，通过事实来证明自己的一些猜想是没有根据的,不能听到风就是雨。常提醒孩子注意调查和分析,是帮助他们克服猜疑心的一种训练方法。

信任让我们拥有更多的友谊,而猜疑心则会让我们渐渐远离自己的朋友。信任是无价的,一旦失去,就无法挽回。所以,教孩子克服猜疑心是家庭教育中非常重要的一课。

4.让孩子懂得遇事不要斤斤计较

遇事斤斤计较只能给自己徒增烦恼。要想获得学业、事业上的成功,必须胸怀大度、心胸宽广,不能总是把小事放在心上。

1898年冬天,威尔·罗吉士继承了一个牧场。

有一天,他养的一头牛为了偷吃玉米冲破了附近一户农家的篱笆,最后被农夫杀死。依当地牧场的共同约定,农夫应该通知罗吉士并说明原因,但农夫没这样做。

罗吉士知道这件事后,非常生气,于是带着佣人一起去找农夫理论。

此时,正值寒流来袭,他们才走一半的路,人与马车就全都挂满了冰霜,两人也几乎要冻僵了。

好不容易抵达木屋,农夫却不在家,农夫的妻子热情地邀请他们进屋等待。罗吉士进屋取暖时,看见妇人十分消瘦憔悴,而且桌椅后还躲着5个瘦得像猴子的孩子。

不久,农夫回来了,妻子告诉他:"他们可是顶着狂风严寒而来的。"

罗吉士本想开口与农夫理论,忽然又打住了,只是伸出了手。

农夫完全不知道罗吉士的来意，便开心地与他握手、拥抱，并热情邀请他们共进晚餐。

这时，农夫满脸歉意地说："不好意思，委屈你们吃这些豆子，原本有牛肉可以吃的，但是忽然刮起了风，还没准备好。"

孩子们听见有牛肉可吃，高兴得眼睛都发亮了。

吃饭时，佣人一直等着罗吉士开口谈正事，但罗吉士看起来似乎忘记了，只见他与这家人开心地有说有笑。

饭后，天气仍然相当差，农夫一定要两个人住下，等天气转好后再回去，于是罗吉士与佣人在那里过了一晚。

第二天早上，他们吃了一顿丰富的早餐后，就告辞回去了，罗吉士对此行的目的一直闭口未提。

在回家的路上，佣人忍不住问他："我以为，你准备为那头牛讨个公道呢！"

罗吉士微笑着说："是啊，我本来是抱着这个念头去的，但是，后来我又盘算了一下，决定不再追究。你知道吗？我并没有白白失去一头牛啊！因为，我得到了一点人情味。毕竟，牛在任何时候都可以获得，然而人情味却并不是那么容易得到的。"

生活中，大多数人都在追求物质上的满足，表现在言行上便是为了小事斤斤计较。然而，当物质需要得到满足之后，我们的心是否真的充实了？

人与物之间是无从比较的，真正的无价必定表现于无形，就像大师的雕刻作品，它的价值不在价格与实体上，而是创作者对作品付出的情感与附在作品身上的生命感悟。

故事中的罗吉士，尽管失去了一头牛，却换得农夫一家人的笑容和幸福以及难得遇见的人情味，这段经历更让他懂得了生命中哪些才是无价的。

在学习生活中，我们难免会与别人产生误会、摩擦。宽容是人生的一种境界，它可以使我们忍受别人的无心之失，甚至是有心之过，从而为我们赢得朋友乃至敌人的敬重。

英国数学家哈代说："不能宽恕他人，就是拆掉自己要过的桥。"宽容是一种个人修养水平的体现，这对孩子将来的成功具有非常重要的意义。孩子们年纪还小，经历有限，他们遇到的一些事往往是生平的第一次，妈妈怎么处理、处理得是否恰当，对他们今后的行为具有示范作用。妈妈一定要注意，不要让妒忌、报复等不健康的心理侵袭孩子幼小的心灵，不要让孩子养成斤斤计较的习惯。

考试试卷发下来了，晨晨发现老师在算分数时将一道题的分数漏掉了，这让他少得了两分，本来可以排第三名，现在成了第五名。晨晨非常生气，回家后，便对妈妈抱怨，并说自己讨厌老师。

妈妈听到后，对晨晨说："老师每天有那么多试卷要批改，丢了两分又有什么关系呢？你不是已经把那道题做对了吗？老师没有算进去，这也不影响你对知识的掌握。至于名次，这并不重要，所以不必计较。"

晨晨的妈妈通过实例，抓住适当的机会，帮助孩子学会了宽容地对待他人的过失，这种收获比那两分重要得多。从这个故事中我们可以看出，妈妈既要以宽以待人、严于律己的原则处事待人，给孩子以潜移默化的影响；同时也要让孩子知道，每一个人都难免会有做错事的时候，所以要学会宽容与谅解，不能什么事情都斤斤计较。

要让孩子养成宽容别人的习惯，妈妈应注意做到以下几点。

（1）要教育孩子摆正自己在家庭中的位置，让孩子懂得他只是家庭中的普通一员，不能对孩子娇惯，不能无限度地满足孩子的愿望，不能给孩子特殊权利，让孩子觉得自己高高在上。

（2）要求孩子心中有他人，不要总是以"我"为中心，一切只顾自己。

（3）必要时让孩子有一些吃亏让步的体验，以锻炼孩子的克制能力。

（4）多给孩子与同伴交往的机会，使之从中得到锻炼。让孩子在发生矛盾的后果中体味到只有团结友爱、宽容谦让才能享受共同玩耍的快乐。

（5）要教育孩子理解和尊重自己的长辈，体谅长辈的辛苦，珍惜长辈的劳动成果和对自己的爱护。

（6）家庭成员间要友爱宽容，让孩子从小就生活在温馨、和谐、友爱、宽容的家庭环境中，使其在潜移默化的影响中，逐步形成稳定的宽容忍让的良好习惯。

5.教孩子学会欣赏他人

"海纳百川，有容乃大"。欣赏别人是一种豁达风度。

人无完人，每个人都有自己的长处和短处。妄自菲薄和恃才傲物都是不可取的，它只会使人沦于平庸。而正确地欣赏别人就会使平庸变为优秀，使自卑变为自强，使消沉变为进取，使自满变为谦逊。

春秋时期，管仲少时贫贱，早年曾与好友鲍叔牙以经营小买卖为生。管仲出的本钱没有鲍叔牙多，可是到分红的时候，他收了应得的那一份，还要再拿点儿。鲍叔牙手下骂管仲贪得无厌，鲍叔牙替他辩解说："他家里人口多，开销大，我自愿让给他。"管仲带兵胆小怕事，手下士兵不满，而鲍叔牙却说："管仲家有老母，他为了侍奉老母才自惜其身，并不是真的怕死。"鲍叔牙百般袒护管仲，是因为他知道管仲是个不可多得的人才，只是还没有机遇施展。管仲感叹道："生我的是妈妈，了解我的是鲍叔牙啊！"就这样，他们成了莫逆之交。后来，管仲在鲍叔牙的极力推荐下，成了齐国宰相，帮助齐桓公成为春秋五霸之首。

鲍叔牙欣赏管仲，百般袒护，连齐国的宰相之位都让给了管仲，可见，欣赏别人要有多大的气度与胸襟。这好比幽谷香兰，使人愈嗅愈香；峻岩劲松，使人愈压愈坚。

法国著名大作家雨果说："世界上最宽阔的东西是海洋，比海洋更宽阔的是天空，比天空更宽阔的是人的心灵。"让我们像大海那样笑纳百川，像高山那样巍巍矗立，摒弃自卑、自负和自满，去正确地欣赏别人吧！

每个人身上都有优点与缺点，爱看到优点的人比总看到别人缺点的人更快乐，也更受欢迎一些。所以，我们鼓励每个人多去看别人的优点，多去欣赏别人，它带给别人自信的同时也会愉悦自己。

在21世纪的今天，任何成功和挑战都离不开人与人之间的协作，而协作关系的基础，就是每个人都有一双欣赏他人的慧眼。因此，欣赏他人，是一个人拥有很好人缘的保证，而这项本领也需要从小培养。

很多妈妈认为，让一个不懂事的孩子懂得欣赏别人，难度很大。其实并非如此，生活中的点点滴滴都是极好的素材，就看你怎么使用。

台湾著名作家林清玄有一次带小儿子去市场，看见卖牛肉面的师傅一次可以煮十几碗面，行云流水的动作宛若舞蹈；卖糖葫芦的小贩眨眼工夫就串好了几十串山楂，每颗山楂都穿上了透明生脆的"冰糖衣"，像变魔术一般。于是，儿子对林清玄说："爸爸不如卖牛肉面的师傅……爸爸不如卖糖葫芦的小贩……"林清玄——微笑着接受："爸爸跟他们比下面条、串糖葫芦当然是输家，但爸爸会写文章呀，爸爸写的文章是一流的，就像那位师傅做的牛肉面一样，会让别人喝彩。"

林清玄是以非常生活化的观察和讲述让孩子明白，欣赏他人并不等于否认、贬抑自己。每个人都有自己的长处和弱点，既能看到自己的弱点和他人的长处，不目中无人，又能看到自己的长处，不妄自菲薄，才能对自身有一个客观认识，获得健康的心境。

人们都会选择与欣赏自己的人深入交往，这是因为，每个人都有荣誉感，都有渴望获得肯定的内在动力，遇到一个欣赏自己的人，人们的意识行为都会进入良性循环。孩子之间的交流也是如此。大声说出对他人的赞赏可以获得同样热烈的回馈，这种"有来有往"的互相欣赏可以使孩子周围的"情绪环境"变得晴朗。孩子懂得欣赏、赞美他人，也就打开了与他人深入交往的通道。他会更多地享受进一步交流和交往的愉悦，周围也容易环绕更多的朋友。

在越来越个性化的社会交际中，"欣赏自己"已被越来越多的人接受和应用。这本是一件好事，因为它起码表明了人已经开始注重个人在社会中的价值和作用，有利于个性的张扬和主观能动性的发挥。

可往往物极必反，"欣赏自己"到了一定程度就会发展成极端的自私自利、唯我独尊的骄横和霸道，甚至是"宁可我负人，不可人负我"的个性变态。

这样的"欣赏自己"最终只会毁掉自己，走向人生的黯淡、寂寞和孤独的泥潭。

我们要学会欣赏别人，但最好别做什么"追星族""追款族"，把欣赏变成盲目崇拜，"追星""追款"追得连自己都找不到了，这样"欣赏"不是很悲哀吗？

假如我们能把欣赏的目光从那些近似海市蜃楼般的"星系"中收回来，看看身边这些你从来不曾欣赏过的人，你会发现，他们虽不如明星那般被传媒"炒"得火爆，但他们仍旧认认真真地生活着，努力地工作着，真诚地与人打着交道。他们在与人交往中所表现的同情、关切、微笑和互相帮助都是朴实而真切的。这些人就生活在你的四周，他们是你的亲人、朋友、同事和邻居，他们在你失败受挫时安慰你、帮助你；在你成功兴奋时鼓励你、赞美你；下雨时，他们会拉你同在一个屋檐下躲雨；刮风了，他们会为你披上一件御寒的风衣。这些人才是你真正应该欣赏的人。

妈妈可以从以下几个方面培养孩子善于欣赏他人的意识。

(1) 孩子在挑剔他人的缺点时，妈妈一定要介入扭转。

孩子的认知有限，看人识事往往很片面，妈妈听到孩子挑剔他人缺点的话语时，一定要介入指导。比如，"那个总是希望领舞领操的小朋友，是不是不怕辛苦，一遍又一遍地在练习？"每个人身上都有自己的优点和缺点，所以，教育孩子去观察小伙伴的时候，首先要想到对方有哪些优点是自己所不具备的，可以向他学到些什么，不要老盯着别人的缺点看。

(2) 尝试让孩子说出他自己的缺点。

刚开始，孩子也许会对这样的话题很抗拒，以为妈妈会借此来批评或惩罚他。一旦妈妈先讲出自己的缺点，证明这样的讨论就像一面镜子，会反映出更真实的自己但不会遭到任何打击和贬斥时，孩子的话匣子就打开了："我很懒……我不爱惜文具……"这会使孩子意识到，虽然他有缺点，但还是赢得了友谊。换位思考一下，他的小伙伴有一点点小毛病，就被他"全盘否定"，是不是不公平呢？

(3) 尝试让孩子说出家人的优点。

欣赏他人首先从欣赏周围的亲人开始。妈妈应首先检讨自己，在家庭成员的相处过程中，自己是否以"抱怨者"的面目出现，如果妈妈当着孩子的面对亲人横挑鼻子竖挑眼，在这样的耳濡目染之下，孩子也会养成对自己宽容、对他人吹毛求疵的品性。所以，妈妈应该以身作则地引导孩子，用"放大镜"去看家人的优点。比如说，将早起的奶奶定义为"勤劳的蜜蜂"，把听岔了话答非所问的爷爷定义为"幽默大师"，以宽容、诙谐的心态去看待家人的弱点，强化对彼此的欣赏态度，这样，孩子才会一步步养成"多多欣赏他人"并从中获得乐趣的习惯。

现在的很多孩子，因为在家里都是宝贝，听到的大多是赞美和表扬，很容易促使他们的自我意识发展得过于强烈，不会去欣赏他人，也难以承受挫折。所以，在我们平时的教育工作中，除了鼓励孩子要自信、自强以外，适时地教育他们学会虚心，学会欣赏他人，对于他们的成长也是非常必要的，这有利于他们形成健全的人格、健康的心态。人人学会欣赏他人，人人获得成功的体验，良好的人际关系也就自然形成了。

6.向不被同伴喜欢的孩子伸出援手

随着孩子年龄的增长，在他们的世界里也会形成一定的"喜好"，比如，谁不讲卫生，大家就不喜欢和他玩；谁口齿不清，说话结巴，大家就不和他说话；等等。

　　维泽在10岁之前一直生活在珠海，后来妈妈工作调动，他也跟着来到北京某小学读书。

　　由于南北口音差别较大，而且维泽又不是个善于言谈的孩子，说起话来时常结结巴巴，和同学们交流有困难，因此，别的同学也都不爱和维泽玩。为此，维泽苦恼极了，他甚至要求妈妈帮他转回原来的学校。

　　妈妈知道，转回去显然是不现实的，她下定决心，一定要想办法帮儿子锻炼说流利的普通话。

　　从那之后，维泽家里就有了一条"新规"：每个人必须说普通话。

　　不仅如此，为了尽早帮助孩子说一口流利的普通话，妈妈还在其他方面下了功夫。

　　刚开始的时候，妈妈让维泽看他喜欢的动画片，每次看完后，妈妈就说："儿子，刚才的动画片很好看吧？妈妈也喜欢看，但刚才工作忙，所以还没来得及看，你能给我讲讲吗？"

　　一开始维泽很犯难，但在妈妈的鼓励下，他试着向妈妈描述动画片的剧情。虽然结结巴巴讲得并不完整，也不怎么连贯，但每次妈妈都会适当地补充和提醒，慢慢地，维泽讲的故事越来越完整，条理也越来越清晰了。

　　与此同时，妈妈还鼓励维泽在上课的时候多举手，积极发言，遇到问题多跟同学讨论、交流，鼓励他参加各种演讲比赛。

　　功夫不负有心人，在妈妈半年的努力下，维泽的语言能力有了很大的提高，小伙伴们也不再远离他，经常和他一起玩耍。维泽感到自己被大家接受之后，开心极了。

　　在孩子遭遇不受欢迎的情况时，要分析原因，用耐心和方法帮助孩子扭转局面。这样，孩子就不会再有受孤立的感觉，他的交往能力也能随之增强。

(1) 鼓励孩子和陌生人说话。

当今社会，流行这样一句话："不要和陌生人说话。"在家里，有的妈妈用这句话教育孩子："陌生人是坏人，会把你骗走的。"正是这样的教育误导了不少孩子，导致有的孩子没有勇气和陌生人说话。有的孩子在外面迷路了，宁可自己糊里糊涂地走，也不敢向陌生人问路。

陌生人并非坏人的代名词，鼓励孩子和陌生人交流，对培养孩子和家人以外的人进行正常沟通的能力很有帮助，可以辐射到孩子成长的各个环节，提高孩子的自信心、社交能力、胆量、待人接物的能力、辨别是非善恶的能力。所以，妈妈要鼓励孩子和陌生人说话，并鼓励孩子和陌生人交朋友，让孩子拓展自己的人脉。

如果你的孩子走到哪里都能与陌生人轻松地攀谈，完全不是那种缩手缩脚、面露胆怯的样子，而是轻松、大方、自然，那是一种多么让人兴奋的感觉！想让孩子做到这一点，就要从小鼓励孩子和陌生人说话。

(2) 鼓励孩子和优秀的同学交朋友。

"近朱者赤，近墨者黑。"环境对孩子的成长和成才有着重要的作用。让孩子多和优秀的同学接触，和他们交朋友，孩子就能从他们身上学到更多优秀的品质和能力，这对提高孩子说话办事的能力是有帮助的。相反，如果孩子不慎交上了不好的朋友，那他就容易出问题。

李强和陶峰是同班同学，因为有相同的兴趣——踢球，所以接触较多。李强原本成绩不错，但是在贪玩的陶峰的影响下，他开始经常迟到、早退，有时候甚至逃课。起初，李强只是和陶峰交往，但慢慢地，李强认识了陶峰的很多朋友，而那些人基本上都是流里流气、喜欢抽烟、不爱学习的人。

就这样，李强开始退步，他学会了上网打游戏，学会了抽烟，养成了很多不良的习惯。原本李强在班里的人际关系不错，但现在大家见他厌倦学习、不思进取，都开始远离他。

人们常说，看一个人，可以先看他的朋友是什么样的人。如果孩子和品德不好的人交朋友，别人一看他那些朋友，就知道他也不是个好孩子，这会直接影响到他的人际关系。

同样的道理，如果孩子和优秀的同学交朋友，那他就能给周围的人一个较好的印象，同时还能从优秀的同伴那里学到很多优点，有更多的机会提高说话和办事的能力，当他遇到困难时，也能从那些优秀的朋友那里获得帮助。

（3）鼓励孩子和人缘好的人交朋友。

每位妈妈都希望自己的孩子能有很多朋友，有很好的人缘，生活得开开心心。其实，教孩子交朋友的方式有很多，鼓励孩子和人缘好的同学交朋友就是一条捷径。

与人缘好的同学交朋友，孩子可以学到为人处世的技巧，也能接触到更多的朋友，这有利于孩子拓展自己的人脉，在学习和做事时得到更多的帮助。

陈丽丽身材矮胖，有一张大圆脸，她虽然是一个女生，性格却很男孩子气。陈丽丽十分活泼，特别喜欢开玩笑，总是冷不丁地给人说个笑话，让人捧腹大笑。她用活泼和豪爽的性格吸引了班里的男生，用热情和幽默吸引了班里的女生，人际交往可谓顺风顺水，大家都很喜欢和她玩。

有一个特孤僻的男生叫陈贵钢，陈丽丽对他的帮助让他深受感动，他因此变得不再那么孤僻。

那次陈贵钢感冒了，全身无力，当天正巧是他打扫卫生。陈丽丽看到他身体不舒服，马上过来询问，之后便叫了几个同学帮忙，三下五除二就把卫生打扫好了。陈丽丽看到陈贵钢连走路都走不稳，马上让几个男生把陈贵钢扶到学校的医务室，经过医生的诊断和治疗，陈贵钢的病情得到了控制。

这件事让陈贵钢记忆深刻，他说："以前我没有意识到和人缘好的同学在一起有这么多好处。当我遇到困难的时候，她一声吆喝，同学们都愿意在她的带领下来帮助我。"

显然，人缘好的孩子是很有影响力的，只要他开口，其他同学大都愿意帮忙。因此，如果你的孩子和人缘好的同学交上了朋友，那么当孩子遇到困难时，人缘好的同学就会尽力地帮忙，即使那位同学本人没有能力帮忙，他也会调动自己的人际关系来帮忙，这样，你的孩子还有什么困难是克服不了的呢？

（4）鼓励孩子和性格开朗的同学交朋友。

鼓励孩子与性格开朗的同学交朋友，对培养孩子与人打交道的能力和习惯很有帮助。性格开朗的孩子大多喜欢与人交流，和陌生人打交道的时候也非常自然大方。内向的孩子在性格开朗的朋友的影响下，不但可以提高沟通的能力，还能锻炼办事的能力。

自从和班里性格开朗的张芳成为好朋友后，刘岳峰的学习积极性骤增，学习成绩也有了明显的提高。刘岳峰在日记中记录了他们在一起讨论学习方法与争论难题解法的情况，他说张芳很阳光，在她身上学到了如何缓解学习的压力，如何排除烦恼。慢慢地，刘岳峰脸上多了笑容，少了愁容，对待别人也热情了。

有一次，刘岳峰生病在家休息，每天都有同学来看望他，帮助他补课。这一天，张芳来帮刘岳峰补课，他们为了一个题目的解法争论了起来。刘岳峰原本生病体弱，在讨论题目的时候却丝毫不示弱。争论完之后，张芳又跟刘岳峰开玩笑，逗得刘岳峰忘记了病痛。几天之后，刘岳峰身体就康复了。

性格开朗的孩子常常满脸堆笑，遇事不会消沉，有着乐观的生活态度。妈妈鼓励孩子和这样的人交朋友，对锻炼孩子的心态和办事能力是很有帮助的。比如，当孩子遇到困难时，性格开朗的朋友会安慰他、鼓励他、帮助他，这样，孩子就不会觉得压力有多大，进而顺利地把事情办好。

另外，活泼开朗的孩子思维活跃，勇于探索，适应能力强，对周围的事情能够保持一种乐观的态度，对人非常热情，乐于与别人交往和帮助别人，并且能够通过自己的活动不断地获得新知识、新信息，不断地完善自己。让孩子与这种同伴交朋友，不但能使孩子变得更加热情和积极向上，还能学到更多的独立生活的技能。

第九章

爱学习的妈妈——称职的好母亲是学出来的

你不会让自己的思想停滞不前，更不会允许自己故步自封。你会更加关注新生代的心理变化和思想发展，从而和孩子达成共识，避免代沟的出现。

1.做个 "为什么" 型的好奇妈妈

孩子天生具有好奇心，他们总是会时不时地冒出 "为什么"。但随着阅历的增加和压力的增大，妈妈们可能已经失去了本应具有的好奇心，即便有困惑，她们也很少问 "为什么"，这对于了解孩子、亲子沟通是十分不利的。好奇心是创造人才的重要特征，智慧的妈妈能够不断提升自己的好奇心，更全面透彻地去了解孩子的内心世界。

心理学专家认为，好奇心主要是指在一个人遇到新奇事情发生或者是处在新的外部环境下所产生的一种引起注意、操作、提问的心理倾向。好奇心是人类进行学习、前进的内在动机之一，也是人类寻求知识的动力，是创造型人才的重要特征之一。所以，妈妈们需要对周围的一切充满好奇。

现实生活中，很多妈妈会给孩子买《十万个为什么》。妈妈们让孩子阅读这套书的目的无非是希望孩子能明白更多的事情，对好奇的事找到适合的答案。这种想法本没有错，但是，妈妈们是否看过这本书呢？

"我的孩子经常问我 '为什么'，为什么树叶会是绿色的，为什么花朵会散发出芬芳……面对孩子的诸多 '为什么'，我也不知道怎么回答。为了应付孩子，我只能乱说一气。" 有的妈妈可能会这样描述被孩子问及 "为什么" 时的感受和做法，但这种做法不仅不利于孩子去了解事物的本质，更不利于自身的发展。妈妈不应该只让孩子了解为什么，更重要的是多问自己几个 "为什么"。"为什么" 型的妈妈总是比别人懂得更多，也最能得到孩子的信任。

想要培养自己的好奇心，成为孩子心目中的智慧妈妈，不妨从以下几点做起。

（1）多读孩子们的书。

随着社会的发展，青少年读物更新的速度飞快，妈妈们也要适当地去阅读一些。比如，妈妈们应该读一读《十万个为什么》，这样做不仅能够了解孩子们的思想，也能够在短时间内回答孩子更多的问题，成为孩子内心敬佩的智慧妈妈。

（2）对于不懂的问题，不妨和孩子一起找答案。

孩子是古灵精怪的，对于他们提出的问题，妈妈们不可能都知道答案，如果遇到自己不明白的，不妨和孩子一起努力，帮助孩子找到答案，这样做不仅能够拉近母亲与孩子之间的距离，更能够培养妈妈们的好奇心。

（3）多问为什么。

古话说得好：学问学问，一学二问。孔老夫子也曾经说过"不耻下问"。每个妈妈的阅历都是有限的，有许多不了解的东西，要想知识面广，必须多学、多问。不问不得，有问必得！所以，妈妈们不妨在生活小事上多问自己几个"为什么"，即便是在工作中，也不妨多问自己几个"为什么"。

周末，王丽雅去朋友家玩儿，一进家门发现朋友的沙发上摆着好几本《十万个为什么》。开始的时候，王丽雅以为是朋友的孩子在看，后来在交谈中才发现是朋友自己正在读这些书，她很好奇，便问朋友为什么要读这些青少年读物，朋友的回答让王丽雅感到十分吃惊。

"是我儿子逼着我看的。"朋友看到王丽雅好奇的目光，继续说道，"我儿子上初中了，一次他从学校回来，突然问我：'妈妈，为什么树叶长得都不一样，世界上有没有两片完全相同的树叶呢？'我哑口无言，因为我也不知道答案。没办法，我直接告诉儿子，妈妈也不知道。当时看到儿子很失望，这件事情没过多久，儿子便兴奋地跑来对我说：'妈妈，我知道答案了。植物的叶子是千差万别的，因为植物具有不同的遗传特点，长针状叶子的树是不可能生出圆形的叶子来的。另外，植物受到其生长环境的影响，长出来的叶子形状和脉络也不同。比如，在干燥寒冷的环境下，植物叶子就会小一些，通常是毛茸茸的；炎热湿润的地区，树叶就会比较宽大，还十分光滑。'他说完之后高兴地回到了自己的房间，晚饭的时候我问他从哪儿找到的答案，他告诉我说是在书上看到的，当时我没在意。"

朋友继续讲述道："这件事情过去有两三天的时间吧，他放学后又问了我一个问题，他问我植物为什么要开花。当时我还是一样的表情，一样的哑口无言。过了会儿，他又跑到厨房告诉我他在书本上看到的答案。儿子念完答案，说了一句话：'妈妈，你要是闲着没事别看电视了，看看我的《十万个为什么》，这样就不会一问三不知了。'听完孩子的话，我深感惭愧，从那以后，我便开始陪孩子一起看这本书，目的是能够帮助孩子解答更多的问题，这样也能丰富自己的知识。"

为什么妈妈们不主动去读一些有助于扩展知识面、解决生活中不明白问题的书籍呢？因为妈妈们不再好奇，没有对外界产生应有的好奇心。

孩子都有打破砂锅问到底的"毛病"，即便书本上给出了答案，他们也很可能会继续问为什么，这个时候需要妈妈们根据自己的阅历和经验，给孩子做详细的分析和解释，这个过程自然离不开妈妈们对自身好奇心的培养以及解决问题的能力。

好奇心让妈妈充满童心，孩子喜欢跟同等年龄的孩子玩耍，原因无非是他们在一起玩耍有共同的语言和爱好，都具有一样的童心。当妈妈们对外界充满好奇，自然会跟孩子似的对生活充满激情，这在一定程度上能促使妈妈们变得更加有魅力，成为孩子心目中"最年轻"的妈妈。

2.把故事当营养"喂"孩子

孩子是故事的忠实爱好者，在孩子的世界中，故事是必不可少的。儿童专家统计发现，在家庭成员中，无论是谁，只要会讲故事，便能够和孩子保持最为亲密的关系。而在实际生活中，不乏听到有妈妈抱怨道："孩子总是缠着我讲故事，可我脑子里就那么几个故事，讲来讲去孩子都听烦了。"

一天早上，同事垂头丧气地来到公司，王思思好奇地问她发生了什么事情，她说道："昨天晚上我儿子让我给他讲故事，我想了半天也没想出新鲜的故事，他都12岁了，我肚子里所有的故事都讲过了，哪儿还有新鲜的故事啊？"

王思思问她后来是怎么做的，她说："我儿子比较倔强，说如果我不给他讲故事，他就不睡觉，没有办法，我为了让他早点睡觉，便在电脑上查找故事，最终找到一个比较适合的故事。给孩子讲完故事已经11点了，我心想孩子为什么喜欢听故事呢？结果越想越难以入眠。"

作为妈妈，应该知道为什么要给孩子讲故事，孩子为什么喜欢听故事，只有了解了这些，才能成为一名智慧妈妈。

（1）故事是幻想与现实的合理结合。

很多孩子都喜欢听童话故事，即便那是虚构的。孩子之所以如此痴迷于故事，是因为故事是幻想与现实巧妙而合理的结合。

一个故事的形成总是离不开起始、故事情节和结尾这三个部分。作者所创造出的每一个幻想中的人物都是无法离开生活原型的。这些人物通常在虚构的环境中进行活动，从而实现了人们所希望的意义。儿童通常都喜欢以自身的生活与童话故事作类比，甚至孩子会将自己定位为故事中的主人公。在讲述过程中，孩子不仅会用耳朵听，更会全身心地投入其中，会自觉地调动所有的思维与情感去体验。

(2) 故事来源于生活却又高于生活。

孩子都乐于听故事，也因为故事常常是高于现实的。

在故事里，生活变得更加丰富多彩，具有乐趣。即使是一个悲惨的故事，也总是有一个完满的结局，总会引发孩子的幻想。听一个故事多半可以让孩子体验一种新的生活，并且这种生活允许孩子加入幻想，幻想促使生活变得更加优雅和浪漫。在故事里，孩子不仅能够体会到温暖和感动，更能体味到智慧和幽默。妈妈需要幻想，儿童更需要幻想。

孩子喜欢听故事，因为故事能够表现出世界上各种完全不同的风貌。它表达了一种意义，反映出了美丑、善恶和智慧。每当孩子听到好的故事后，他在心中便能留下许多美好的画面，比如森林中的城堡、美丽的公主等。尽管孩子在生活中无法亲眼看到这些事情，但他的内心会感知到美好的存在，能激发出他们更为丰富的想象力。想象力越丰富的孩子，他越喜欢听别人讲故事。

面对好奇心极重的孩子，妈妈脑子中竟然没有新鲜的故事，自然会让孩子感受到失望和无奈。作为妈妈，不仅需要了解孩子，更要满足孩子精神上的需求，满足孩子的好奇心和对新鲜感的追求。

那么，妈妈们要怎么样做才能够充实大脑，有新鲜的故事讲述给孩子听呢？

第一，要多接触外界事物，对新鲜的事物投入更多的精力。无论是看电视还是看报纸，都可以将上面有教育意义的故事记录下来，这样，在孩子想听故事的时候，便能够在大脑中搜罗到既有价值又新鲜的故事了。

第二，要多阅读一些儿童读物。妈妈应该了解孩子的内心需求，而最直接的了解方式便是阅读孩子的读物，了解孩子的心理特点。在阅读儿童读物时，自然能够看到很多适合孩子聆听的、有趣的故事。智慧妈妈可以每天抽出半个小时的时间去阅读孩子的读物，这样日积月累，自然能够储备不少新鲜的故事。

第三，要对生活中的故事进行总结。妈妈们的身边可能会发生很多事情，这些事情有的和妈妈们有关，有的和妈妈们无关，妈妈完全可以对自己了解到的事情进行总结分析，把那些适合讲述给孩子听的故事记录下来，以便能够随时找到新鲜故事。

随着孩子年龄的增加，其大脑也在极速成长，在大脑功能分化的过程中，孩子需要大量地学习和辨别各种从外界传来的讯息。而故事之所以能够特别吸引孩子的注意，除了因为可以学习语言外，更因为故事中富含了各种情绪，妈妈们会发现，在讲故事的时候，神情和语调越是夸张，孩子就越容易被吸引，精神越容易集中。

一位母亲带着她自认为十分聪明且具有数学天赋的儿子，向阿尔伯特·爱因斯坦请教如何学好数学，爱因斯坦很直接地回答道："给他讲故事。"那位母亲不死心，坚持要请教爱因斯坦学习数学的方法和技巧。爱因斯坦解释说道："如果你希望自己的孩子聪明，就给他讲故事；如果你想要自己的孩子变得智慧，那就给他讲更多的故事。"

爱因斯坦认为，一个孩子的想象力比知识更重要，而扩展孩子想象力的有效途径就是讲故事，给孩子讲更多的故事。可见，故事对孩子的成长和智慧的形成具有无法替代的作用，妈妈应该为了孩子的成长而储备更多的故事。

3.善于创新，尽可能激发孩子的潜能

很多妈妈认为，孩子从出生开始就有了优劣之分，只有本身优秀的人才能生出优秀的子女，一般的家庭也只能养育一般的孩子。但事实上，遗传对孩子智力的影响远不如它对孩子身高、体重和外表的影响那样明显。几乎绝大部分健康的儿童在智力上都差不多，孩子长大后彼此有很大差异，源于其妈妈是否实施了有创新意识的教育。

妈妈要做的，就是通过科学的适合孩子的方法来教育子女，尽可能地激发他们的潜能，培养他们的学习能力和处世方式，引导他们走向成功。

孩子身上巨大的潜能和各种各样的特质等待着母亲去为他创造条件来施展。一个善于创新的妈妈，面对相同的食物总能变换花样做出不同的美味来，教育孩子也是如此。在熟悉教育技巧和方法的情况下，要善于创新，才能培养出优秀的孩子。

比如，当孩子偶然有一次成绩考得不理想时，你的做法也许跟很多母亲一样，让孩子认识到失败的原因，鼓励他继续努力，争取下次考得更好。但鼓励的话语孩子听多了也会厌烦，遇到这样的情况，曾有一个聪明的妈妈逆向思维，突发奇想地给孩子发了一个失败奖，结果收到了很好的效果，孩子的成绩也稳步上升了。

所以，妈妈们一定不能墨守成规，要善于在教育孩子的过程中用心思考，来点创新。

一把锋利的刀落在坏人手中可能危害社会，落在好人手中就可能惩恶扬善、除暴安良。好的教育方法也是一种利器，再科学民主的教育方式，没有正确的教育思想来引导，也只会让孩子成为实践一种危险的教

育理念的牺牲品。所以，妈妈在家庭教育中要掌握一些正确的教育思想，将其融入自己的家教活动中来。

在教育领域，有一个人是妈妈们不能不知道的，他就是"教育奇书"《卡尔·威特的教育》的作者卡尔·威特。这位德国乡村牧师的教子经验被中国图书界以各种版本推荐给家长，书中的故事富有传奇色彩。

卡尔·威特的教子经验之所以能够得到大众的热捧，这其中必然有大家感同身受的道理，"非功利教育"理念就是其中的亮点。

卡尔·威特在他的书中非常强调自己的教育理想，就是将孩子培养成为一个"接近完美的人"。在他看来，那些接受了片面教育的偏才和高分低能的儿童都是"俗人"，一个真正接近完美的人应该是身体和心灵都得到健康发展的人。要让孩子做到全面发展，妈妈首先要抛弃功利性的教育思维，杜绝将孩子培养成"供人观赏的玩物"。

在生活中，很多母亲为了将孩子推上各种荣誉和头衔的位置，不惜大刀阔斧地改造孩子的成长空间，让他们向着自己满意的方向成长，结果养出了一盆盆"病梅"，满足了观众的眼睛，却捆绑住了孩子的天性。正如威特所说，真正有意义的教育应该着力于对孩子本身的培养，抛弃种种功利性，以合理的方式开发他们潜在的能力。如果仅仅是为了实现妈妈的愿望，教育将变成可怕的改造人的手段，孩子的一生都将生活在痛苦当中。

具有创新意识的妈妈懂得：成功不能一蹴而就。决定一时抛弃功利性去教育子女，可能并不难；但要自始至终地秉承关照孩子心灵的教育思想，对很多母亲来说并非易事。因为非功利的教育首先关注的是孩子本身的成长节奏和需求，可能不会让孩子在短期之内有学识上的进步。而社会会给家长诸多压力：特长生潮流、高分名校情结、就业竞争激烈等，在讲求效率和速度的现实面前，家长未必能够稳住阵脚。

我们相信，心胸的大小决定了一个人事业的大小。在决定孩子心胸和视野的宽度与深度的少年时期，孩子最大的收获关键不在于有多少荣誉证书，而是学会今后做学问、做事情的道理和方式。因而，早期教育需要家长接受一个事实：教育不会立竿见影，但它是成功的基础。

据统计，1500～1960年，全世界1249名杰出科学家和1928项重大科研成果的创造者在年龄上有一个阶段划分：科学创造的最佳年龄区是在25～45岁，最佳峰值年龄在37岁前后。更为精准的数据是，在诺贝尔奖的大部分获得者中，物理学家的平均年龄为35岁，化学家的平均年龄为39岁。

上面的统计显示，科学家往往在青壮年才能够有所成就。一个人的成功往往要经历漫长的酝酿过程，绝非突然被幸运眷顾而成名。如果仅仅看到别人取得的成绩而无视他们努力的过程，相信出人意料的奇遇，那他的一生也将在等待中度过。

成功不能一蹴而就，成才如是，教育亦如是。妈妈教育孩子时要有信心，只有相信孩子会向我们期待的方向发展，看到孩子未来的发展，才会有耐心，教育的目标也才能慢慢实现。

此外，妈妈要读懂多湖辉先生所说的"恰当的批评是有益的"。

在对待孩子的奖惩上，日本教育家多湖辉有自己的看法。他认为，孩子会在被批评的过程中学会辨别是非，学会区分哪些事情是好的、哪些事情是坏的。因此，妈妈要学会用既改正孩子缺点又不伤害孩子自尊心的批评。

批评孩子应该保持冷静的态度，向他讲道理，以理服人，自己的立场也要始终如一。另外，批评孩子要有分寸，方法要得当。

多湖辉年少时曾因不满学校的严格管理，而做出了伙同他人一起破坏学校部分校舍的荒唐之举。学校的规章制度非常严格，所以他已做好了退学的思想准备。而校长却把他们叫到校长室，流着眼泪说了下面的一段话："太令人遗憾了。我现在什么也不说，想必你们也在反省自己吧？希望你们能再一次反思一下自己所做的事情。"校长宽宏大量的批评深深地刺激了学生们，使他们进行深刻的自我反省。因此，采用什么样的批评方式非常重要，它既能使孩子的才能得到提高，反过来也能使之下降。

多湖辉一直主张："批评时要正襟危坐。"进行重要的谈话时，任何人都要端正姿势，创造一种严肃的气氛。而且，不是单方面地命令别人如何去做，而是采取一种理解对方的立场、倾听对方意见的具有包容性的态度。不论做了多么荒唐的事情，都应该有其原因。问清这些原因并予以理解是能让孩子接受批评的先决条件。

妈妈在先进的思想和理念的指引下，结合自己孩子的情况，把这些思想和方式融入自己的生活中来，培养一个优秀出色的孩子就指日可待了。

4.开发孩子的想象力

爱因斯坦曾说过："想象力比知识更重要，因为知识是有限的，而想象力概括着世界的一切，推动着进步，并且是知识进化的源泉。"一个有创新意识的母亲必然会注重对孩子想象力的开发和培养。

在这方面，歌德的母亲做得就很出色。

歌德是德国文坛上的泰斗，他的创作涉及诗歌、散文、戏曲等各种体裁。他的《少年维特的烦恼》一出版，就让他声名远播，代表作《浮士德》堪与荷马史诗和莎士比亚的戏剧媲美。这位伟大的作家之所以能奏响壮丽的人生乐章,和妈妈对他进行的有计划的多方面的早期教育,尤其是他母亲对他早期想象力的开发有着密切的关系。

歌德有一位优秀的母亲,她是当时法兰克福市长特克斯托尔的女儿,从小受文学的熏陶,文学素养很高。平时喜欢给儿子讲有趣的故事。她为了使歌德养成勤于动脑的好习惯,从不一次性把故事讲完,每讲到故事情节的关键处,她就会停下来问歌德:"你说以后会发生什么呀?"母亲像老师给学生留作业那样,让歌德自己回去好好想想后面的情节,到底应该怎样发展才合乎情理。对母亲留的作业,歌德都非常认真地去面对。晚上,他躺在床上,回想着母亲讲的故事,按照故事发展的脉络想象下去,设想故事发展的多种可能性,有时还同奶奶商量,直到想出一个自己认为满意的答案为止。第二天,母亲让孩子自己先说,然后再继续讲。有时歌德说得不尽合理,母亲就让他想好后再说。

有时候,歌德会在听故事中途插话:"妈妈,公主不应该嫁给那个肮脏的裁缝,即使是他帮她杀了那个巨人。"听到歌德这样说,她心里很高兴,因为歌德已经学会动脑子了。

歌德丰富的想象力和构思能力就是这样被母亲培养出来的。歌德7岁时能编出饶有诗趣的《新帕利斯》童话,与此不无关系。这也为他后来写剧本和小说打下了良好的基础。他曾在一篇散文中写道:"我继承了父亲的身材和认真的生活态度。从母亲那里,我得到的是幸福和讲故事的快乐。"

妈妈要知道,想象力是一种很必要的创新能力,对孩子以后参与工作有很大的帮助。开发想象力要趁早,也要讲究科学的方式。

著名的教育专家斯托夫人认为,电影对孩子是很有教育价值的,好的电影能开发孩子的智力和想象力。为此,她经常带女儿去看好的儿童剧和电影。她们不光看，回去以后二人还模仿电影中的情景进行表演。角色不够时，就用玩偶和其他物品替代。不仅对电影情节如此，对于读过的故事，她们差不多也都表演过。

斯托夫人在女儿很小的时候，就教她做玩偶的衣服和简单的刺绣。女儿4岁时，把首次做成的刺绣成品赠送给了祖母，那是一个在白布上用各种颜色的丝线绣成的头戴遮阳帽的少女。

此外，斯托夫人还教女儿各种针织方法。女儿的手工艺品种类很多，都是从小积累的。下雨天不能在室外玩时，女儿总是十分高兴地把这些物品拿出来欣赏。

开发想象力的方式有很多，简单举例如下：

第一，妈妈带领孩子做孩子喜欢的游戏。比如：妈妈和孩子可以常常做蒙眼睛的游戏，几乎所有孩子都喜欢这一游戏。一种玩法是，把孩子的眼睛蒙上，给他各种物品让他猜是什么东西。另一种玩法是蒙上眼睛，在屋子里摸索，碰到一件东西让他猜是什么。这类游戏能有效地发展孩子的想象力，但要注意安全。

第二，用纸、布等材料制作物品也能开发孩子的想象力，对发展孩子的能力十分有效。只要肯动脑筋，可做的东西种类是很多的，孩子们在任何时候都可以高兴地玩。妈妈还可以和孩子用纸做蝴蝶、船等，用剪好的布做娃娃，用卷烟盒做小马车和火车，用厚纸建造房屋和城市，建造桥梁和宝塔等。还可以用花生做娃娃，用香蕉做马。这些游戏不仅能使孩子精神愉悦，还能发展他们的想象力和创造能力。

每一个优秀和负责任的妈妈都希望孩子将来能有所成就，希望孩子在各自的领域创造性地做出一番事业，既然如此，那对孩子想象力的培养就不可或缺。只有这样，孩子才能有创新的想法，在竞争中独占鳌头。

5.通过动画片进入孩子的想象空间

动画片是孩子生活中不可或缺的一部分,很多时候,孩子会通过动画片来想象自己的世界,感受外界事物。因此,妈妈若想成为孩子的知心朋友,就必须了解一些孩子常看的动画片。这样,妈妈才能跟上孩子的思想步伐,展开想象,实践更适合孩子成长的创新活动。

即便你是孩子的母亲,也很难说清孩子为什么那么迷恋动画片。关于孩子的心灵世界,妈妈是不可能完全用"为什么"来找到清清楚楚、明明白白的理由的,更不要以为如果找不到足够的理由,那就没有价值。当妈妈说不清这个问题时,可以像孩子一样投入地看一回孩子喜欢的动画片,用大脑去体悟可能比用嘴去解释更好。

一位妈妈这样描述道:有一阵,我的女儿非常喜欢看《葫芦娃》,也常常在游戏时当"水娃"。当时,我不明白女儿为什么会喜欢看这部动画片,一天,我终于忍不住,便心血来潮像女儿那样看起了这部动画片。在看动画片的过程中,我也将自己想象成水娃,当我和女儿玩游戏变成"水娃"喷水的时候,我觉得自己好有力量!此时,我开始明白孩子为什么喜欢看动画片了,因为像《孙悟空》《黑猫警长》《葫芦娃》这样的动画片,能给孩子带来正义的想象,这些都是孩子的梦想,让孩子感受到自己充满力量。

对成人来讲,动画片可能没有吸引人的地方,但如果妈妈能够像孩子一样,静静地观看动画片,便会跟随着动画片中的情节进行想象,这个想象的过程和孩子发挥想象的过程一样。这样一来,妈妈就能更加了解孩子，进行的创新活动也会更加容易得到孩子的喜爱。

小美说她的女儿特别喜欢看《喜羊羊与灰太狼》，不管是哪个电视台播出，她都会看，即便已经看过两三遍了，她却始终不觉得腻。后来，小美也开始看这部动画片，在看完这部动画片后，她叫上所有的家庭成员扮演动画片中的情景，女儿充当美羊羊，自己充当喜羊羊，丈夫充当灰太狼。在游戏的过程中，女儿很开心，并且还说以后要经常玩这个游戏。

经过调查表明，一些优秀动画片更受孩子欢迎，因为这些动画片制作比较精良，人物形象也很可爱，想象大胆丰富。面对这些动画片，孩子们的思想会变得更加积极活跃，因此，妈妈要想跟上孩子的想象步伐，不妨加入到看动画片的行列中，了解孩子的思想，这样便能够打开自己的想象空间，创造出更适合孩子的游戏，给孩子的生活增添更多快乐。

关于动画片，孩子总是有说不完的话，只要妈妈提到一部动画片，孩子的嘴巴就会滔滔不绝地说个不停，通过孩子的讲述，妈妈能够感知到孩子的思想是多么活跃。那么，妈妈通过动画片来进入孩子的想象空间，到底有什么好处呢？

第一，利用动画片中的角色教育孩子是应对孩子淘气的好战术。面对淘气的孩子，妈妈完全可以通过动画片中的人物来对孩子进行教导，这种方法能够让孩子瞬间改掉调皮的坏习惯。比如，当孩子淘气不听话的时候，妈妈可以主动邀请孩子一起玩黑猫警长的游戏，孩子自然会变得听话起来。

第二，和孩子一起幻想，成为孩子的"朋友"。孩子喜欢幻想自己成为动画片中的人物，比如看完《喜羊羊与灰太狼》，孩子自然会喜欢上聪明勇敢的喜羊羊,如果妈妈能够跟着孩子一起想象,配合孩子的思想,充当一下灰太狼,想必孩子会很乐意与妈妈玩耍,心中有什么事情自然也会告诉妈妈。

需要提醒的是,在生活中,很多妈妈在繁忙的时候将孩子的空余时间完全交给动画片,这种现象是不可取的。作为妈妈,你有责任让孩子的生活变得更加充实,为孩子制造出更多的乐趣。

聪明的妈妈是不会允许自己和孩子之间有代沟的,她们会通过孩子喜欢的动画片创新出很多有趣的游戏,然后和孩子一起参与其中,既达到了拉近亲子关系的目的,又能够开发孩子的智力,让孩子在快乐中进行想象。

6.避免代沟,聪明的妈妈要跟上潮流

在生活中,你听到过孩子这样的抱怨吗?“妈妈的思想古板,观念守旧,但又总喜欢管我的事情。他们的方法跟不上时代,甚至是错误的,简直无法沟通。这严重影响了我,不听他们错误的方法,她就说我不听话。”如果作为妈妈的你听到了孩子这样的抱怨声,你就应该认真思考一下了。

在生活中,你的子女喜欢和你进行沟通吗?他们喜欢将自己的心事告诉你吗?如果答案是否定的,那么作为妈妈的你也应该好好地进行思索了。

如果你的子女开始抱怨和你没有共同语言,或者是不喜欢跟你交流,那就证明两代人之间出现了代沟。

提到"代沟"一词，可能会让很多妈妈产生惧怕的心理。代沟通常是指两代人因为价值观念、思维方式、行为方式或者是道德标准等方面的不同所造成的思想观念和行为习惯的严重差异。一旦两代人之间出现了代沟，便很可能出现"代际冲突"，即由代沟而导致的两代人在解决某些问题方式、评价问题标准等方面产生的分歧和矛盾。代际冲突在孩子青春期时表现得最为突出。

两代人之间产生代沟的因素有哪些呢？

（1）自然方面的原因。

随着年龄的增长，孩子的生理和心理不断发生变化。孩子的身高体重迅速增加，中小学的孩子普遍慢慢地进入青春发育期，第二性征开始出现，到了初中，一个个长成了健壮的小伙子和漂亮的大姑娘。这时，他们除了在生理上会发生急剧的变化之外，心理上也在迅速地向成人过渡，他们的自我意识、独立意识明显增强。一句话，心理处在变化的"断乳期"，人格成长处于"危险期"，学业能力也处于"分化期"，故此，教育引导也就进入"困难期"。

在这一时期，孩子面临的矛盾表现为：希望受到尊重与他人不予尊重的矛盾，要求能够独立自主与不能完全独立自主的矛盾，渴求理解却不希望过多表达的矛盾，等等。

孩子慢慢地长大，他们开始重视自我的感受，因此，对于妈妈的教育都会有"闭锁"倾向，这是很正常的。如果此时妈妈不能用更为科学的方法和孩子进行交流，很可能就会出现代沟。而代沟的出现会让家庭产生矛盾，从而形成不良的家庭气氛。

（2）社会原因。

由于社会的急剧变化，两代人所受的教育和经历是不同的，因而，妈妈和孩子对生活、工作以及社会问题的态度和观点必然也会有所不同。如果此时妈妈不能够根据社会的发展，了解孩子这一代的思维方式和态度观念，自然会和孩子产生分歧，争论就会不断发生。

譬如，现在有很多孩子对社会问题很关心，受到科技的影响，他们对外界事物比较了解，因此，他们有自己的分析和判断，这是信息时代对孩子的影响。如果妈妈还是固守观念，整天就知道逼迫孩子学习，不允许孩子将精力投入到社会新闻等方面，自然会给孩子带来一种压迫感，孩子会觉得妈妈跟不上社会的发展，从而产生代沟。

故此，妈妈不要再对孩子说"只要专心读书就行了，别的不要过问""小孩子不要管什么国家大事，这和你没关系"等这样的话。当孩子看看《新闻联播》、关心一下社会热点的时候，妈妈们不妨给予鼓励和支持，不要怕孩子会受到消极影响而不让他走出家门面向社会。

（3）家庭原因。

形成代际冲突和矛盾的主要原因自然是来自家庭，具体表现在以下几方面：

第一，妈妈们的教育态度不正确。

有的妈妈受到封建伦理观念的影响很深，总是认为子女是自己辛苦养大的，是自己的私有财产，属于自己的管辖范围之内，自己拥有绝对的权威和尊严。甚至，很多妈妈都有"孩子必须听我的话""我所说的都是对的"这种"霸道"的思想，根本没有给孩子足够的尊重和信任，总是专横跋扈，不讲民主。不分时间、场合地对孩子进行唠叨说教和批评指责，使孩子感到难以接受。

有的妈妈根本不能针对孩子的现实条件和学习基础进行实际情况分析，总是认为自己的思想认识都是正确的，完全不在意孩子的内心所向，硬要按自己的意愿为孩子设计未来的人生之路，要求孩子做到样样争先、出类拔萃。这样一来，孩子就会觉得妈妈根本不理解自己，从而产生矛盾和代沟。

第二，家长的教育方法不得当。

随着孩子的成长，妈妈对孩子的教育方法也要有所改变，一定要适应孩子的年龄段，不要将教育幼儿的方式拿来对待已经上了中小学的孩子，过多的关心、过细的要求和过严的管束只会让孩子感到反感。因此，在对待孩子教育这个问题上，妈妈一定要根据孩子的年龄段进行适当的改变，学会尊重孩子的心理变化和思想。要知道，得不到尊重和理解的孩子和高高在上的妈妈之间的距离会越来越大。

第三，缺乏了解和沟通。

有的妈妈总是忙于工作，忙于生活，很少与孩子在一起活动、交流和沟通。除了偶尔过问孩子的学习之外，无视孩子的情绪和心理，两代人很少接触，从而缺乏情感和思想的交流，这样就难免会产生代沟。

一旦产生代沟，两代人之间的沟通就会出现障碍，对孩子的成长是有害的。由于代沟的存在，妈妈的教育方法难以实施，甚至会以失败告终。缺少妈妈正确的教育和指导，孩子的思想、情感和行为难免会出现缺失和偏差，从而对孩子的性格形成和道德观念的形成产生不良影响。

看到代沟会出现如此多的问题，作为妈妈的你究竟要如何做呢？

第一，接受外界新鲜事物，开阔自己的眼界。

时代在发展，妈妈要跟随时代的脚步，主动了解新鲜事物，对社会敏感话题、热点话题进行了解。对于孩子关注的问题，一定要有一个比较科学的认知，不要拒绝接受新鲜事物，更不要责备孩子去接触新鲜事物。

第二，多与孩子进行沟通。

在和孩子进行沟通的过程中，要有意识地去了解孩子的思想和心理变化，站在孩子的角度去思考问题。对于孩子合理的思想要进行表扬和鼓励，让孩子感知到来自妈妈的支持和关心。

第三，关注孩子感兴趣的事情。

孩子进入中小学之后会拥有自己的兴趣爱好，此时，妈妈不妨鼓励孩子向着兴趣点发展。在孩子追求兴趣爱好的过程中，如果遇到了困难，妈妈应该帮助孩子解决问题，让孩子了解到妈妈对自己的支持和鼓励。

第四，遇到问题要与孩子讨论。

不管是家庭问题还是工作中的问题，都可以拿出来和孩子一起讨论，这样不仅能够知道孩子的思想，还能间接培养孩子的思维能力。给孩子提供参与的机会，这能够让孩子感受到来自妈妈的尊重。

7.多询问其他妈妈的经验

每个人的生活都会存在一定的困惑，"当局者迷"的情况经常会出现，很多事情也并不是自己一个人就能够解决的。因此，在面对这些事情的时候，不妨谦虚地请教他人，以便解开疑惑，实现创新活动。

陈平最近一直因为孩子的教育问题愁眉不展，她向好友萧阳阳诉说自己的苦衷。

原来，她的儿子上了初中之后，就开始迷恋网络游戏，学习也不再认真，成绩一落千丈，更为可气的是，儿子有的时候会逃学去玩游戏。面对儿子的变化，陈平苦口婆心地进行劝告，却没什么效果。

在她诉说完毕后，萧阳阳说自己的儿子也曾经有过这么一段时间。她是这样应对的：她没有急于阻止孩子，而是了解孩子的心理，先了解孩子为什么喜欢玩游戏，为什么厌恶学习。后来才发现，因为孩子遭到了老师的批评，出现了抵抗情绪，故此才喜欢上网络游戏。找到原因之后，再想解决的办法就容易多了。她时不时地会和孩子进行思想沟通，帮助孩子解决思想上的问题和压力。最后，自己的孩子不但摆脱了游戏，学习也变得积极主动了。

听了萧阳阳的话之后，陈平豁然开朗，似乎也有了方向。

很多时候，我们需要借助别人的经验来做事情，这样做是为了更好地达到目的。所以，妈妈在遇到自己无法解决的问题时，不妨多询问一下其他妈妈的经验。

生活是难以预测的，生活中，多多少少会遇到一些困境和无奈，面对这些困境时，我们会感觉紧张和在意，而正是因为过于紧张和在意，才使我们自己无法找到正确的解决途径。

小薇每次在聚会时都会讲述自己的生活，比如自己的生活是如何的枯燥无聊，总是有很多烦恼等。作为好朋友的娜娜则会给她提出各种各样的建议和意见。

今年的聚会中，娜娜发现小薇发生了很大的变化，她再也不抱怨自己的生活无聊了，而是开心地讲述起工作上的事情，话语中也少了很多抱怨的情绪，这让娜娜感到很吃惊。

等到大家都开始吃饭时，娜娜将她的好奇说了出来。

小薇回答道："我的变化还要感谢倩倩。"倩倩也是她们的好朋友。

小薇继续说："上次聚会时，倩倩的一句话让我感到很震惊，也正是她的这句话让我的生活发生了重大的改变。"

"是吗？她说了什么？"娜娜问。

"我讲述了自己教育孩子时的困扰，倩倩说：'孩子都是有自尊的，生活也是需要用心去对待的，抱怨无法让生活变得有激情。'" 小薇说，"当时听了倩倩的话，我没怎么多想，回家之后，再次面对孩子的问题时，我突然回忆起了倩倩的这句话，瞬间知道了自己一直的困扰所在，当时有一种豁然开朗的感受。"

聪明的妈妈是一个善于交际的妈妈，她经常会和其他妈妈在一起讨论生活中的趣事或者无奈，希望从别人的口中得到更多有助于自己生活幸福的东西。如果妈妈过于内向，不够积极，不善交际，身边自然就会少很多这样的好朋友，也就学不到那么多对自己生活有帮助的事情了。

交流不仅是一个互相了解的过程，也是一个互助的过程。在妈妈们相互沟通和交流的过程中，由于各自的生活环境不同，对事物的认知不同，因此，她们对待一件事情的见解和处理方式也会不同。所以，妈妈在生活中遇到了感觉困扰不解的问题，不妨积极地去咨询一下其他人，或许从其他妈妈口中能够找到事情的解决方法。很多时候，自己困扰很久的事情会被别人的一句话点破，令自己豁然开朗，瞬间找到解决事情的途径。

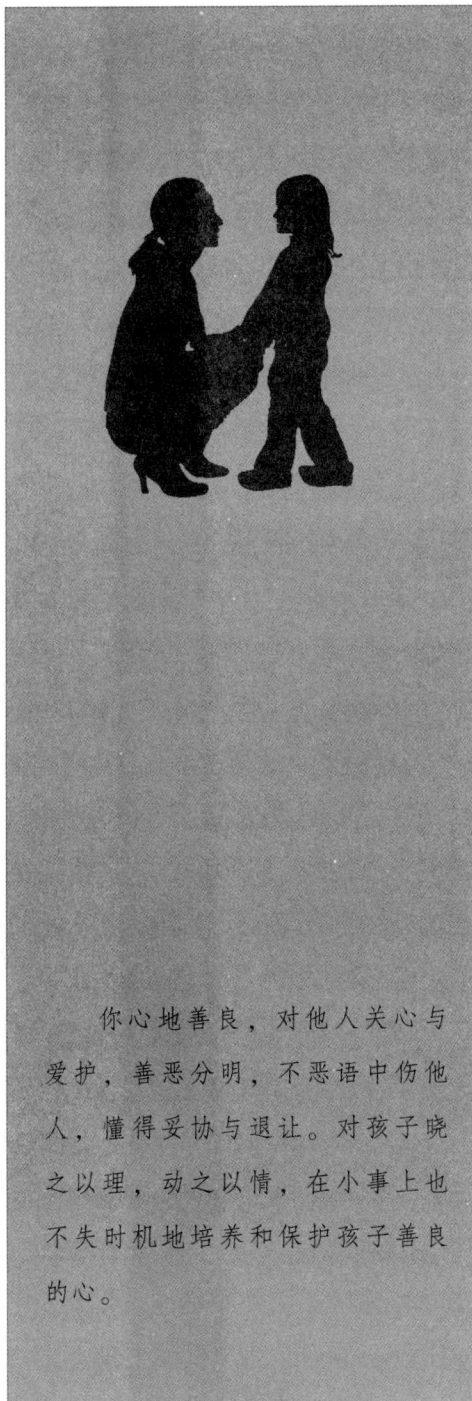

第十章

有爱的妈妈——幸福是给孩子最珍贵的礼物

你心地善良，对他人关心与爱护，善恶分明，不恶语中伤他人，懂得妥协与退让。对孩子晓之以理，动之以情，在小事上也不失时机地培养和保护孩子善良的心。

1.让孩子懂得感恩

　　一个人是否有感恩之心，与他所处的环境、所受到的教育是密不可分的。让孩子知道感恩，是每一个家长的重要责任。

　　妈妈是孩子的第一任教师，妈妈的一言一行、一举一动都会对孩子产生潜移默化的作用。因此，妈妈应该常怀一颗感恩之心，尊老敬老，善待身边的人和事，无论是对领导还是亲戚朋友，只要他们曾经帮助过自己都应心存感激。

　　只要妈妈坚持做到以身作则、言行一致，让孩子感到榜样就在身边，孩子就一定会学会感恩。

　　一个年轻的母亲抱着一个3岁左右的孩子挤进了拥挤的地铁，旁边座位上一个年轻的女孩给他们让了座。这位母亲把孩子放在座位上后，让孩子说"谢谢"，可那个孩子却扭头往窗外看，不理会妈妈的话。这位母亲尴尬地说："孩子就是这样。"那个让座的女孩说："没关系。"孩子就一个人坐着，他的母亲在旁边站着。车上人越来越多，越来越挤，母亲想抱着孩子坐下，但孩子却用手推开母亲，不让母亲坐，这位母亲只能尴尬地笑笑。

　　这位母亲自己都很吝啬一句"谢谢"，孩子怎么可能会有这样的好习惯呢？妈妈要想让孩子具备感恩的心，就要言传身教，做孩子的榜样。不管在什么时候得到了帮助，都不要忘了说一些感谢的话或者做一些表示感谢的动作。

　　在日常生活中，妈妈应该时刻创造条件启发孩子学会用感激、感恩的心态去面对自己的付出，让孩子先从感恩妈妈开始，比如，让孩子知道妈妈为自己做事后要说"谢谢"等。通过这种小事情、小情绪，让孩子熟悉这种感恩的状态，并最终知道如何表示自己的感恩。

谢尔·希尔弗斯讲过一个"爱心树"的故事。

从前有一棵大树"喜欢"上了一个男孩，这个男孩也很"喜欢"这棵大树。男孩每天都会跑到大树下，用树枝和树叶编"王冠"，爬到树上荡秋千、吃果实，和大树玩捉迷藏的游戏，累了就在树荫下睡一觉。

渐渐地，小男孩长大了，他不再常常跟大树玩了，大树渐渐感到了孤独。

一天，男孩终于来看大树了，大树非常高兴，对男孩说："快来吧，孩子，在树枝上荡荡秋千，吃几个果子，再到阴凉下睡一觉。"

男孩却说："我已经长大了，不再爱玩那些游戏了，我想买好吃好玩的东西。我需要一些钱，你能给我吗？"

大树没有钱，它对男孩说："我没有钱，我只有树叶和果实，你把它们拿到城里去卖吧，这样你就会有钱了。"

于是，男孩爬上大树，摘下树上的叶子和果实，拿到城里去卖。大树为自己能帮到男孩而感到满足。

过了很久很久，男孩也没有来看望大树，大树很难过。

有一天，男孩终于又来了。大树高兴地扭起了树干，对男孩说："快来吧，爬到我的树干上荡秋千！"

"我很忙，没有时间爬树。"男孩说，"我需要一个妻子，还要生好多孩子，我要一幢保暖的房子。你能给我一幢房子吗？"

大树没有房子，却对男孩说："你可以把我的树枝砍下，拿去盖房了。"于是，男孩把树枝都砍了下来，用它们盖了一幢房子。大树为自己能帮到男孩而感到快乐。

这以后，男孩又有很长时间没有来看望大树。

当他终于又回来时，大树高兴得几乎话都说不出来，它哑着嗓子说："来吧，孩子，和我玩玩吧！"

"我已经长大了，心情也不好，不愿意玩了。"男孩说，"我需要一条船，驾着它到远方，你能给我一条船吗？"

大树让孩子砍下自己身上仅有的树干，男孩用它做了一条船，驶向远方。大树为自己能帮到男孩而感到高兴。

又过了很久，男孩又来了，对大树说："我现在需要的实在不多了，只是想找个安静的地方坐坐，休息一下。我太累了。"

大树说："非常抱歉，孩子，我现在只是个老树墩，实在没有什么东西可以给你了，不过，我还是非常希望能为你做些什么。来吧，孩子，坐到我身上休息吧。"

大树说完，使劲地挺高自己的身体，此刻的大树很幸福。

谢尔·希尔弗斯坦用他的文字给我们讲述了一个关于索取和奉献的感人故事。故事中，大树便是母亲的化身，对孩子一无所求，却把自己的一切都奉献给了孩子。

故事中的大树"妈妈"所做的一切都非常感人，但如果她除了爱还有智慧，就应当教会男孩去理解"爱"，感谢"爱"，回报"爱"。这样的教育才是我们现在所倡导的科学的家庭教育。

感恩，是为了让孩子们懂得尊重别人，对别人的给予心存感激。教育孩子感恩要从妈妈做起，从身边的小事做起。家庭是孩子第一个也是永远的学校，妈妈是孩子第一个也是永远的老师。妈妈自己做到关心、感恩老人，关爱、感激他人，孩子自然会受影响。特别是接受帮助时，一定要表示感谢。妈妈要知道，孩子的好品质、好行为是不断培养出来的。妈妈要让孩子从细微处入手，从小事做起。

人都是在经历中成长的，如果只是简单浅显地对孩子说要孝敬长辈，要感恩，他们根本无法理解，要培养孩子养成一种习惯，他们才会渐渐意识到这是一种责任和义务。

2.给孩子表达自己爱的机会

英国教育家夏洛特·梅森说："在每个孩子心中都有一口爱的源泉，它唯一的事情就是流淌，而在妈妈这方则要保持体贴、友好、感恩、孝顺、奉献，这些渠道不封闭、不阻塞，而且永远向前流动。"

想让"泉水"保持流动，就要让孩子感觉到他们每一次爱的流露所创造的喜悦。感恩之心要从小在家庭中培养，因为只有孩子对妈妈心存感激，才会把这种情感扩大到他人与社会。

很多母亲生病难受的时候，总是说："妈妈没事，宝宝乖。"这样孩子就永远不知道，妈妈这样的时候他要怎么做。

如果母亲这样说："妈妈不舒服，你可以替我敲敲背吗？"孩子一定会听话地替母亲敲背。"妈妈现在感觉好多了，你可以替妈妈倒杯水吗？"孩子也会很乖地去倒水。这样以后，谁出现不舒服的情况，他都会知道，首先要安抚，其次要去倒水。这是在教孩子"爱"！

有一篇文章，大概内容是说母亲总是把好吃的留给孩子，吃鱼总是把鱼肚给孩子吃，让孩子一直以为母亲只喜欢吃鱼头。这其实很值得妈妈们深思并引以为戒。有好吃的东西，一定要让孩子留给妈妈。要告诉孩子，这个爸爸妈妈也很喜欢吃！这样，孩子就不会把爱吃的菜整盘吃光光，当他尝到什么美味的时候，也一定会记得留给家人。

爱人的能力并非与生俱来，除了要教孩子爱护动物、爱护生命之外，更重要的是要教会他怎么样来爱人！

一个女孩正在家里写作业，妈妈下班回来了。刚刚在学校接受过爱的教育的孩子马上倒了一杯茶水，递到妈妈面前："妈妈，请喝茶！"

谁知妈妈冷冰冰地说："去去去，写作业去！别趁机跑出来玩儿！谁用你倒茶，多考个100分比什么都强！"

一个男孩看到有病的妈妈在厨房做饭很辛苦，便走进厨房说："妈，我帮你干！"妈妈马上挥挥手说："不用你，把你的书念好就是关心你妈了。妈妈可不希望儿子长大当厨师，妈要你当研究生！"

孩子心中刚刚萌发起来的爱的火焰一次又一次被妈妈无情地扑灭了。渐渐地，孩子明白了，妈妈所要求的就是他考高分、上重点学校，别的什么都不需要。然而，这不是所有孩子都能达到的目标，于是，许许多多孩子变得心灰意冷、玩世不恭，不再关心别人，也不懂得爱别人。就这样，"累坏了"妈妈，"闲坏了"孩子。久而久之，孩子认为，这些是妈妈应该做的。

真正爱孩子的妈妈，会在孩子面前表现得弱一点儿，给孩子表达爱的机会。别总把自己看成是高山，视孩子为小草，让孩子靠着你、仰视你、惧怕你；更不要当大伞，视孩子为小鸡，为孩子遮风挡雨，让孩子变得弱不禁风。

一天，有户人家来了一位客人，家长端上来一盘梨子，孩子首先拿着大梨子给客人送了过去，这位客人直夸他是个好孩子。谁知，当客人真的张口咬梨时，孩子却哭闹了起来，这是怎么回事呢？原来，每次吃东西时，家人都会上演《孔融让梨》的故事，让孩子把好的东西先拿给家人，每次家人都只是把东西接下来做做样子，然后又递回给孩子，这样最好的东西还是回到了孩子手中……

这是在教育吗？这只是演一场戏，一场剥夺孩子表达爱的机会的悲剧，在这样的教育下，孩子怎能养成关心别人的良好品质？怎能有一颗感恩的心？给孩子表达爱的机会不只是做做样子、演演戏，大人们要真的接受孩子给予的爱，让他们觉得不仅要享受爱，更要学会表达自己的爱。

卢梭这样告诫世人："人生当中最危险的一段时间是从出生到12岁，在这段时间中还不采取摧毁种种错误和恶习的手段的话，它们就会发芽滋长，及至以后采取手段去改的时候，它们已经扎下了深根，以致永远也拔不掉了。"所以，妈妈们要给予孩子表达自己爱的机会，让孩子学会爱别人，学会关心别人，让孩子真正有一颗感恩的心。

3.让孩子不断地感受幸福

教育家苏霍姆林斯基有一个含义深远的教育思想：把每个学生培养成幸福的人。他说，教学大纲、教科书规定了给予学生的各种知识，但是没有规定给予学生最重要的一样东西，这就是幸福。

孩提时代理应是一个充满梦想和快乐的时代。所以，作为妈妈，一个很重要的任务就是让孩子不断地感受幸福和快乐。

然而很遗憾，我们在现实生活中却常常会看到这样的情景——孩子在楼下玩耍，妈妈在旁边使劲催促："好啦，疯玩什么，快点回去做作业!"晚上，看着孩子在灯下熬夜做作业的辛苦样子，妈妈就说："孩子，好样的，'吃得苦中苦，方为人上人'。"其实，这是一种非常不健康的心态。让孩子学业有成、事业成功并非家庭教育的最大目标，成功并不等于幸福、快乐，有个更大的目标排在成功前面，那就是"让孩子感觉快乐"！这是家庭教育的最高境界。

在让孩子感受到幸福和快乐的过程中，妈妈的人生态度对孩子的影响是巨大的。消极的妈妈会影响孩子看事情的眼界，一个带有灰色"视野"的孩子，就算成功了，也无法体会到快乐，这是多大的悲哀。

金融危机让很多人一夜之间失业。有这样一个母亲，她得知自己失业之后，心情沉重地回到家。这时，6岁的儿子正在家里飞跑，"开飞机咯……呜呜……"孩子完全沉浸在自己的世界里，没有注意到妈妈回家的神色。

妈妈耐着性子叫着孩子的名字，足足喊了十几遍，孩子终于感觉到妈妈的神情不对。

"最近公司遇到了问题，有一部分员工要失业，妈妈名列其中。这就意味着，妈妈没有工作了，没办法赚钱，所以，妈妈这段时间也不能给你买各种东西了，你体谅一下妈妈，不要找妈妈要，好吗？以前的玩具要知道珍惜，弄坏了，妈妈暂时没钱给你买新的。"

孩子停下来，静静地听着妈妈把话说完，并安慰妈妈："妈妈，不要紧，你现在没有工作了，还可以再去找。万一不行，我们就去买一个箱子，在街上卖冰糕。你在前面推车，我就在后面喊：卖冰糕啦……卖冰糕啦……"妈妈被孩子的模仿声弄笑了，搂着孩子，觉得自己很幸福。

故事中的妈妈无疑是明智的，她知道自己失业后，并没有怨天尤人，而是心平气和地告诉孩子现在的状况，让孩子感觉到妈妈只是暂时没有了工作，而不是走上了绝路，这样，孩子也就不会感觉到失业是一件很恐怖的事情。这就是妈妈传达给孩子的一种积极快乐的心态，让孩子明白生活中没有过不去的坎，快乐和幸福是生活的永恒主题。

那么，怎样才能让孩子感受到幸福呢？

(1) 让孩子有机会享受"不受限制"的快乐。

在家里，妈妈辛辛苦苦好不容易把屋子收拾得干干净净，而且周围的邻居又喜欢安静。孩子一旦开始喊叫、跳跃，妈妈便会想办法制止，孩子只好越来越乖。表面上是妈妈管教有方，但由此带来的是孩子的热情和活力的一点点丧失，孩子的心灵也受到了压抑。

孩子毕竟是孩子，他们需要带着童真的想象力尽情地玩耍，需要有时间去打雪仗、观赏蚂蚁搬家，这些按照孩子自己的步伐去探索世界的活动，更能给他们带来真正的快乐。有些事情大人觉得没意思，孩子却很喜欢，大人认为孩子会喜欢的东西，孩子得到了却未必高兴。有的妈妈给孩子买很贵的玩具，孩子却宁愿玩水、玩泥巴、捉迷藏、过家家。所以，不要总把自己的好恶强加给孩子，要让孩子做他们喜欢做的事情，这样，他们才能在快乐的玩耍中感受到幸福。

(2) 一个幸福的孩子应该懂得调整心理状态。

妈妈要使孩子明白，有些人一生快乐，其秘诀在于其抗挫能力强，这使他们很快地从失望中振作起来。在孩子受到挫折时，可为他指出前途总是光明的，使他在恢复快乐心情的环境中寻找安慰，这样，幸福的感受就会多一些。

(3) 保持家庭生活的美满和谐。

家庭和睦也是增加孩子幸福感的一个主要因素。有关资料表明，在和睦家庭中成长起来的孩子，成年后能愉快生活、健康成长的的比例要比在不幸家庭中成长起来的孩子多。

4.教孩子学会给予

爱是一种很玄妙的东西，自有人类就有爱，父子之爱、母女之爱、姐妹之爱、兄弟之爱、师生之爱、朋友之爱、夫妻之爱……爱无所不在，沉浸在爱的滋养中，孩子会更加快乐、健康。

爱是一种高尚的情操，更是一种能力，要让孩子从小懂得爱，因为能够给予爱的人是幸福的。

现在的孩子在家里大多是"小皇帝"，衣来伸手，饭来张口，有求必应，只知索取，不知给予，大人也不计较这些，认为孩子小，还不懂事，就处处顺从孩子。在这样的家庭环境中成长起来的孩子，成年后心理上都会有一定的缺陷，他们会认为自己所得到的一切都是理所当然的，是别人应该给自己的，几乎没有给予别人的概念，甚至在他们没有得到时，会对周围的一切充满抱怨甚至仇恨。

但是，孩子早晚要进入社会，成为社会人，和各种各样的人打交道，到那时，如果孩子只"受"不知"给"，就容易产生人际关系危机，因为社会不可能"无条件"给予任何人想要的东西。

有个漂亮可爱的小女孩，从小就喜欢别人给她买吃的玩的东西。每次爸妈带她到朋友家玩，叔叔阿姨给什么就要什么，有时甚至会直接跟叔叔阿姨说想吃什么、玩什么，因为她嘴甜，年纪又小，所以叔叔阿姨总是对她有求必应。她的爸爸妈妈也不教育女儿这种"随便索取"是不对的，渐渐地，孩子便养成了伸手索取、随便接受馈赠的习惯，对他人的给予没有感激之情。

大学时，这位女孩因为长得漂亮，受到了好几个男生的青睐，那些男生为了追到她，纷纷给她买礼物讨好她，有的男生甚至每月给她几百块当零花钱。对这些，她都随随便便接受，她认为这是理所当然的。后来，她与男朋友发生了矛盾，被男朋友用刀刺伤，毁了容。

教育孩子学会给予，就是培养孩子的同情心和感恩心。懂得在接受别人的馈赠和帮助时说"谢谢"的孩子，将来会是一个有情的社会人；能够将自己拥有的大方给予别人的孩子，将来会是一个有义的人。有情有义的人，在社会上才受欢迎！

让孩子学会给予，首先要让孩子懂得不能随便接受别人的东西，不允许孩子自己主动去向别人要东西吃，告诉孩子这是很没礼貌的行为；别人给自己东西时不要挑选贵重的，陌生人的馈赠不能接受：熟人的馈赠先婉言谢绝，实在盛情难却时，要真诚地说声"谢谢"，并在恰当的时候报之以李，等等。

当东南亚发生海啸地震后，看见电视播放赈灾的场面时，6岁的儿子竟然说："这么多人捐钱呀，我都愿意我们这里发生地震海啸，那些钱就可以给我们啦！"

听到儿子这么说，妈妈立刻给儿子讲了个故事："从前有两个人要投胎到世上，临行前到上帝那里告别，上帝问他们有什么要求。一个说：'我喜欢什么都是别人给我，穿的吃的住的用的……'另一个则说：'我愿意把自己的任何东西都分给别人，只要我手头有……'上帝答应了他们。

"果然，喜欢'别人给'的那人到人间做了衣不蔽体、食不果腹的乞丐，天天到街上做伸手派，当然，吃的穿的住的都是不好的；愿意'给别人'的那个则成为大老板，生意顺利挣了很多钱，富甲一方，他经常做善事，捐钱建敬老院和学校，给贫困的人……

"儿子，你愿意做'给别人'的强者还是'别人给'的弱者呢？遭受海啸地震的人们，房子没有了，亲人也没有了，生活很困难……其实，喜欢给予的人才是强者！"

妈妈说完，儿子脸色庄重地说："那把我的零花钱捐给灾区吧！"

"给予"和"接受"是两个方面。当我们帮助别人时，我们也在帮助自己；当我们帮助自己时，也是在间接帮助他人。真正的快乐应该是无私的，自己快乐，也为别人创造快乐，这快乐必将扩大十倍、百倍、千倍……

对孩子的给予行为，妈妈要给予及时的表扬。生活中也有很多妈妈，看见孩子吃东西时逗孩子，但孩子给他东西时又不吃，这会传达给孩子一种"就是给了爸爸妈妈也不会吃"的观念。所以，孩子主动给东西时，一定要吃下去，虽然孩子的食品少了，但他的精神"粮食"多了。

此外，言教的过程中应伴随身教。身教是一种无声的教育，妈妈不但要用语言告诉孩子给予的道理，还要用自己的行动示范给孩子看，成为孩子的榜样。

5.孝顺是代代相传的宝贵财富

古人有云："百行孝为先，孝为德之本。"孝，是中华民族的一种传统美德，也是各种品德形成的前提。《诗经》上有一句："哀哀父母，生我劬劳。"感叹和赞美了父母的养育之恩。唐朝孟郊诗云："谁言寸草心，报得三春晖。"更是表达了孝敬父母的渴望。而"祭而丰不如养之厚，悔之晚何若谨于前"的古训，则督促后辈履行对父母的赡养和孝敬。可以说，以孝敬长辈为核心的家庭美德，几千年来代代相传，成为中华民族伦理观念和道德品质的精华。

从前，一对老夫妇含辛茹苦地将4个儿女抚养成人，帮他们成家立业。但长大的儿女对二老并不孝顺，所以，他们的生活过得如孤寡老人一般凄凉。为了改变现状，二老经过一番商议后决定宴请儿女。在吃饭时，母亲当着全家人的面对老伴说："老伴，趁今天大家都在，你就将祖上流传下来的无价传世之宝拿出来给大家饱饱眼福吧！"儿女们惊喜万分，没想到自家祖上还留有无价的传世之宝。此时，父亲却十分傲慢地说道："祖上有交代，只传给孝子，为了让你们兄妹之间不产生矛盾，还是不把传家宝亮相了。"无论儿女们如何哀求，父亲都摇头说："以后再说吧！"

从那以后，儿女们一反常态，对待二老百般殷勤孝顺，儿子教导自己的孩子要孝敬爷爷奶奶，女儿教导孩子要孝顺外公外婆，并经常买二老喜欢的各种礼物叫孩子送去，对二老可谓百依百顺。特别是当老人有小病小痛时，儿女们都不离左右地伺候着，生怕自己在老人心中成了不孝之人，让传世之宝落入别家。父亲临死前告诉儿女们："传世之宝我已托付给老伴保管了。"父亲走后，儿女们为了得到此宝，对待母亲更是殷勤孝顺，为了讨母亲的欢心各施其招，母亲在断气前拿出一个精美的宝盒交给大家说道："在我死后要做49天的道场，然后才能当众打开。"于是，儿女们在母亲死后做了49天的道场，最后打开宝盒发现：宝盒内有一块石头，石头正面刻着一个"孝"字。

由于孙辈们从小就看到自己的父母对待老人殷勤孝顺，在父母们的言传身教下也养成了敬奉长辈的习惯，当儿女们老了，也得到了自己儿女及孙辈们的尽心孝敬。就这样，"孝"字从此变成了他们各自家中的传世之宝。

事实证明，一个生活在以孝敬为美德的家庭里的孩子，会不自觉得养成尊老孝敬之心。孝，不是天性；不孝，也不是天性。没有哪一个孩子生来就是孝子，也没有那一个孩子生来就是不孝之子，孩子的孝心是教育出来。

岚岚11岁，爸爸妈妈对她十分疼爱，岚岚也很喜欢爸爸妈妈，但她心中还没有心疼父母的概念。爸爸妈妈每天拖着疲惫的身子回到家里，连一口热水也喝不上，岚岚却还一个劲地要爸爸陪她玩，嫌弃妈妈做饭慢。

对此，父母不禁感到难过。他们想，也许是自己平时对女儿的溺爱让岚岚没有孝敬父母的意识。于是，他们决定从生活小事中培养孩子的孝顺意识。

有一次，岚岚来了兴趣要自己洗衣服，妈妈痛快地答应了。第一次洗衣服，岚岚洗得相当吃力，额头上渗出了细细的汗珠，胳膊也酸痛不已。岚岚好奇地问妈妈："妈妈，你平时帮我和爸爸洗衣服也这么累吗？"妈妈说："虽然我力气比你大，不过每次洗那么多脏衣服，也是很累的。"岚岚听完后若有所思地说："妈妈，我现在长大了，以后我的衣服我自己来洗吧。"

妈妈听了女儿的话，心里不知有多高兴，并及时夸奖岚岚说："岚岚懂事了，知道心疼妈妈了。"听了妈妈的夸奖，岚岚更高兴了。此后，岚岚变得懂事多了，除了坚持洗自己的衣服以外，还会主动帮妈妈做些家务活。

我国有句俗话："百善孝为先。"如果说每个人的生命都是奔流不息的小河，那么父母就是小河的源头。没有父母，哪有孩子？没有父母的爱，哪有孩子的幸福？

在我们的很多伦理学著作中，都会将孝敬父母看作人际关系的第一个台阶。可以说，孝心在人与人的相处中占有很大的地位。我们很难想象，一个连父母都不知道关心的人，又怎么会去关心别人呢？不去关心别人，你又怎么能获得别人的友谊呢？

所以，父母在孩子还小的时候，一定要注重培养他的孝心。

6.传递正能量给孩子

曾有一位妈妈说："我儿子到初三开始有些厌学，经常在我面前抱怨学习很累。"这位妈妈回应孩子说：生活本来就又累又苦，舒服是留给死人的。这样的话无疑只会让孩子觉得生活很痛苦，而无法让孩子感受到生活的快乐。

妈妈在生活中要给孩子传递一种正能量。诚然，生活中会遇到各种各样的挑战，但每个人都只拥有一次生命，而生命的每一天都是独特的、不可复制的。不管经历什么，它都会成为人生中宝贵的经验，关键是我们如何去面对和看待生活中所发生的一切。当一个人的信念转变、思想转变，人生态度自然也会随之改变，生活亦会有所不同。生活中有许许多多的绚丽多姿、五彩缤纷、斑斓色彩，如果妈妈仅仅是给孩子传递"生活如何痛苦"的想法，那孩子对生活的热情和渴望就会大打折扣。

灾难是残酷的，在多媒体如此发达的今天，无论多小的灾难，都会被曝光出来，孩子也会轻而易举地了解到。此时，在孩子的脑海中，可能会对悲惨的灾难有一个初步的认识，甚至产生恐惧。此时，作为妈妈的你应该学会关心孩子，让孩子了解到，灾难过后，社会依然美好，人们依然团结一致。

在轰动世界的5·12地震之后，全国各地的人们都伸出了援助之手，捐钱捐物，晓晓也带着上初中的儿子去社区捐款。捐款的人排成了长队，晓晓的儿子很平静地等待着，他手中拿着一个存钱罐。

排到他们的时候，晓晓看到儿子将存钱罐打开，拿出里面所有的钱，慢慢地放进捐款箱。晓晓明白，那是他儿子积攒了两年的压岁钱。很多人好奇地问晓晓为什么要带着儿子来捐款，晓晓说道："儿子长大了，他从电视上看到了四川地震的情景，晚上边看电视边流泪，我知道他对这件事情很在意。地震本身是一个坏消息，会给孩子产生负面的心理影响，如果不让他看到人们献爱心这种正能量，他很可能会觉得社会是可怕的，因此产生抵触社会的心理。"晓晓停了停接着说道："我让他来看献爱心，也让他参与其中，目的是想告诉他，灾难是可怕的，但人们会献出自己的爱来帮助别人，就算有一天他自己也处于这种灾难中，也会有人来帮助他，让他内心充满爱、充满希望。"

智慧的妈妈会无时无刻地让孩子感受到生活中存在的爱和美好，在生活中，每个人都需要别人的帮助和爱，每个人也能给予别人帮助和爱。智慧妈妈会让孩子感受到帮助别人时的快乐和得到帮助时的幸福。

那么，在生活中，妈妈们要怎么样做才能让孩子感知到献爱心的重要性呢？

第一，定期带孩子去帮助别人或者是观看别人如何献爱心。妈妈完全可以每个月带孩子去敬老院关心一下老人，或者是帮助别人，让孩子时刻感受到帮助别人的快乐。当别人在献爱心时，完全可以停下脚步，耐心地观看，让孩子知道伸出援助之手帮助他人是一种美德，是值得学习的。

第二，观察别人献爱心后，和孩子一起讨论。比如，当看到一个年轻人在公交车上让座给一位老人时，回家后，你完全可以和孩子进行讨论，让孩子说说自己的看法和感受，加深孩子对美好事物的印象，让孩子内心深处更添正能量。